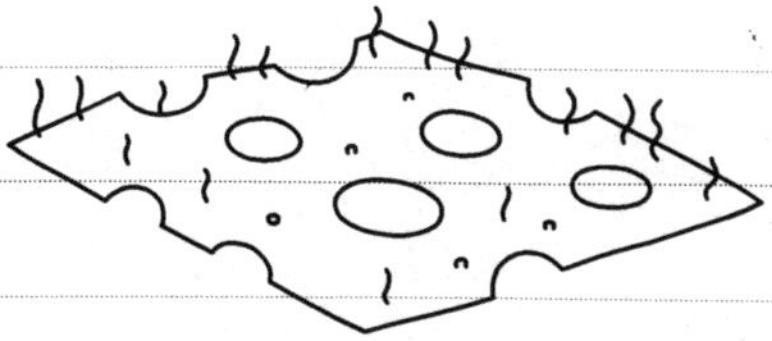

مذكرات طالب

يوميات غريغ هيفلي

بقلم جيف كيني

AMULET BOOKS

الدار العربية للعلوم ناشرون
Arab Scientific Publishers, Inc.

بِسْمِ اللَّهِ الرَّحْمَنِ الرَّحِيمِ

يتضمن هذا الكتاب ترجمة الأصل الإنكليزي
DIARY OF A WIMPY KID
حقوق الترجمة العربية مرخّص بها قانونياً من الناشر
Wimpy Kid, Inc.
بمقتضى الاتفاق الخطي الموقّع بينه وبين الدار العربية للعلوم ناشرون، ش.م.ل.

Original English title: Diary of a Wimpy Kid

الطبعة الأولى
1432 هـ - 2011 م

ردمك 978-614-01-0163-0

الدار العربية للعلوم ناشرون
Arab Scientific Publishers, Inc.

عين التينة، شارع المفتي توفيق خالد، بناية الريم
هاتف: 786233 - 785108 - 785107 (1-961+)
ص.ب: 5574-13 شوران - بيروت 2050-1102 - لبنان
فاكس: 786230 (1-961+) - البريد الإلكتروني: asp@asp.com.lb
الموقع على شبكة الإنترنت: http://www.asp.com.lb

التنضيد وفرز الألوان: **أبجد غرافيكس**، بيروت - هاتف 785107 (1-961+)
الطباعة: **مطابع الدار العربية للعلوم**، بيروت - هاتف 786233 (1-961+)

إلى ماما، بابا، ري، سكوت، وباتريك

أيلول

الثّلاثاء

في البداية، دعوني أوضّحُ أمراً: هذا دفتر يوميّات وليس دفتر مذكّرات. أعرفُ ما هو مكتوب على الغلاف. ولكن، عندما خرجت أمّي لتشتريَ هذا الشيء، قلتُ لها تحديداً ألاّ تشتريَ لي واحداً كُتب عليه مذكّرات.

عظيم. كلُّ ما أحتاجُ إليه الآن هو أن يجدني أحد المغفّلين حاملاً هذا الدفتر ويكوّن فكرة خاطئة.

الشّيء الآخر الذي أريد توضيحه حالاً هو أنّ هذه الفكرة هي فكرة أمّي وليست فكرتي.

ولكن، إن كانت تعتقد أنّني سأدوّنُ فيه «أحاسيسي» أو ما شابه، فهي مجنونة. لذا، لا تتوقّعوا منّي أن أكتب «مذكّراتي العزيزة» كذا و«مذكّراتي العزيزة» كذا.

السّبب الوحيد الذي دفعني إلى القبول بذلك هو أنّني حين أصبح ثريّاً ومشهوراً في المستقبل، فسيكون لديّ أشياء أفعلها أهمّ من الإجابة عن أسئلة الناس السخيفة طوال النهار. لذلك، سيكون هذا الكتاب مفيداً.

كما قلتُ، سأكون مشهوراً يوماً ما. ولكن، في الوقت الحاليّ، أنا عالق في المدرسة المتوسّطة مع حفنة من الأغبياء.

أودّ الإشارة هنا إلى أنّ المدرسة المتوسّطة هي برأيي أغبى فكرة على الإطلاق. إذ تجد فيها أولاداً مثلي لم يكتمل نموّهم بعد، مجموعين مع تلك الغوريلّات التي تحتاج إلى حلاقة ذقونها مرّتين في اليوم.

وبعد ذلك يتساءلون: لم يعتبر التنمّر مشكلة كبيرة إلى هذا الحدّ في المدرسة المتوسّطة.

لو عاد الأمر إليّ، لكانت الصفوف تعتمد على الطول وليس على السنّ. ولكن في تلك الحالة، كان شيراغ غوبتا سيظل في الصفّ الأوّل حتّى اليوم.

اليوم هو أوّل أيّام المدرسة، ونحن ننتظر الآن الأستاذ ليسرعَ وينهيَ جدول الجلوس. لذا تصوّرت أنّه لا بأس في أن أكتب على هذا الدفتر لتمضية الوقت.

بالمناسبة، دعوني أعطيكم نصيحة جيّدة. عليكم أن تحترسوا جيّداً أين تجلسون في أوّل يوم مدرسيّ. فقد تدخلون إلى الصفّ، وترمون أغراضكم على أيّ مكتب قديم، ثمّ يقول الأستاذ فجأة:

أرجو أن تعجبكم أماكنكم، لأنّ هذه المقاعد ستكون مقاعدكم الدائمة.
لا!!!!

هكذا علقتُ في هذا الصفّ مع كريس هوزي أمامي ولايونل جايمس ورائي.

وصل جايسون بريل متأخّراً، وأوشك أن يجلس عن يميني. ولكن، لحسن الحظّ، منعتُ حدوث ذلك في اللحظة الأخيرة.

في الحصّة التالية، كان يجب عليّ أن أجلس وسط مجموعة من الفتيات الجميلات ما إن أدخل الغرفة. ولكن، إن فعلتُ ذلك، فهذا يبرهن حسب ما أظنّ أنّني لم أتعلّم درساً من السنة الماضية.

يا رجل، لا أعرف ما خطب الفتيات هذه الأيّام. كان الأمر أسهل بكثير أيّام المدرسة الابتدائية، فقد كان من المتعارف عليه أنّ الأسرع في الصفّ يحظى بإعجاب كلّ الفتيات.

وفي الصفّ الخامس كان روني ماكوي هو الأسرع.

أصبح الأمر هذه الأيام أكثر تعقيداً بكثير. فما يهمّ الآن هو نوع الثياب التي تلبسها، أو كم أنتَ ثريّ وما إلى ذلك. وأصبح الأولاد أمثال روني ماكوي يحكّون رؤوسهم متسائلين عمّا حدث.

الصبيّ الأكثر شعبية في صفّي هو برايس أندرسن. والمُقرفُ فعلاً هو أنّني كنتُ دوماً أحبُّ الفتيات، أمّا الأولاد كبرايس فقد غيّروا رأيهم فقط في السّنتين الأخيرتين.

أذكر كم كان برايس سيّئ الطباع في المدرسة الابتدائية.

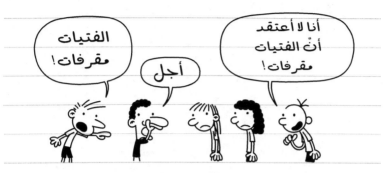

ولكن، بالطبع، أنا لا أنال الآن أيّ اعتبار لمساندة الفتيات دائماً.

كما قلتُ، برايس هو أكثر الأولاد شعبيةً في صفنا، وذلك يتركنا كلّنا نحن الصبيان نتخبّط للحصول على المراكز الأخرى.

أفضل ما أستطيع تصوّره هو أنّني الطالب الثاني والخمسون أو الثالث والخمسون الأكثر شعبية هذه السنة. إلاّ أنّ الخبر الجيّد هو أنّني على وشك التقدّم مرتبة إلى الأمام لأنّ تشارلي دايفس، الذي يتقدّمني بمرتبة، سيضع مقوّماً للأسنان في الأسبوع المقبل.

أحاول أن أشرح أمور الشعبية هذه كلّها لصديقي راولي (على فكرة، إنه على الأرجح يحاول الحصول على المرتبة 150)، ولكن أعتقد أنّ ما أقوله له يدخل من أذن ويخرج من الأخرى.

الأربعاء

كان لدينا اليوم حصّة تربية بدنية. وأوّل ما فعلتُه حين خرجت هو التسلّل إلى ملعب كرة السلّة لأرى إن كانت قطعة الجبن ما زالت هناك. وكما توقّعتُ، كانت هناك بالفعل.

14

كانت قطعة الجبن هذه ملقاةً على الإسفلت منذ الربيع الفائت. أعتقدُ أنّها وقعَت من شطيرة شخص ما أو شيء من هذا القبيل. وبعد يومين، بدأت تتعفّن وتصدر رائحة كريهة. ولم يعد أحد يلعب كرة السلّة في الملعب حيث توجد قطعة الجبن، مع أنّه الملعب الوحيد الذي يحتوي على سلّة مع شبكة.

وفي أحد الأيّام لمس ولد يدعى دارن والش قطعة الجبن بإصبعه، وهذا ما أطلق ما سمّي «بلمسة الجبن». الأمر مبدئياً كالبراغيث. إذا أُصِبتَ بلمسة الجبن، فهي تلازمك حتى تمرّرها إلى شخص آخر.

الطريقة الوحيدة لتحمي نفسك من لمسة الجبن هي أن تعقد أصابعك.

لكنّ إبقاء الأصابع معقودة طوال النهار ليس بهذه السهولة. فانتهى بي الأمر بإلصاق أصابعي ببعضها لتبقى معقودة طيلة الوقت. هكذا حصلتُ على العلامة «د» في مادة الخطّ، لكنّ الأمر كان يستحقّ ذلك تماماً.

حصل ولد يدعى آيب هول على لمسة الجبن في نيسان، ولم يقترب منه أحد لبقيّة العام. لكنّه انتقل هذا الصيف إلى كاليفورنيا، وأخذ لمسة الجبن معه.

كلّ ما أتمنّاه هو ألّا يُطلق أحدهم لمسة الجبن مجدّداً، لأنّني لا أحتاج إلى هذا النوع من الضغط في حياتي بعد الآن.

الخميس

أجدُ صعوبةً بالغة في الاعتياد على فكرة انتهاء الصيف، والنهوض من السرير كلّ صباح للذهاب إلى المدرسة.

لم تكن بداية الصيف جيّدة بالنسبة إليّ، ويرجع الفضل في ذلك إلى أخي الأكبر رودريك.

فبعد يومين من بداية العطلة الصيفية، أيقظني رودريك في منتصف الليل وقال لي إنّني نمتُ الصيف كلّه. لكنّني، ولحسن الحظّ، استيقظتُ في الوقت المناسب لأوّل يوم مدرسيّ.

قد تظنّ أنّني غبيّ فعلاً للوقوع في هذا الفخّ. لكنّ رودريك كان يرتدي زيّ المدرسة، وقد قدّم ساعة منبّهي حتى يبدو الوقت وكأنّه في الصباح. كما أغلق ستائر غرفتي كي لا أتمكّن من رؤية الظلام في الخارج.

بعد أن أيقظني رودريك، ارتديتُ ملابسي ثمّ نزلتُ لكي أعِدّ لنفسي فطوراً كما أفعل صباح كلّ يومٍ مدرسيّ.

غير أنّني أحدثتُ على ما يبدو الكثير من الضوضاء،
إذ تعالى صوت أبي الغاضب فجأة من الأسفل لأنّني
أتناول رقائق الحبوب في الثالثة بعد منتصف الليل .

استغرقتُ دقيقة من الوقت كي أفهم ما يجري .

بعدها، أخبرتُ أبي أنّ رودريك نصب لي فخّاً، وأنّه
هو من يجب يتلقّى التوبيخ .

نزل أبي إلى القبو لكي يعنّف رودريك، فلحقت به .
لم أطق الانتظار حتى أرى رودريك ينال ما يستحقّه .

غير أنّ أخي غطّى آثاره جيّداً، وأنا متأكّد من أنّ أبي يظنّ حتّى اليوم أنّ بي خطباً ما.

الجمعة

قُسّمنا اليوم في المدرسة إلى مجموعات قراءة.

لا يقولون لك مباشرةً إن كنتَ في مجموعة الموهوبين أو في المجموعة الضّعيفة التي تُعطى نصوص قراءة سهلة، لكن يمكنك معرفة ذلك بسرعة بالنظر إلى غلافات الكتب التي يوزّعونها.

خاب أملي فعلاً عندما علمتُ أنّني وُضِعتُ في مجموعة الموهوبين، لأنّ ذلك يعني فقط المزيد من العمل.

عندما أُخضِعنا للاختبار في نهاية السنة الماضية، فعلتُ ما في وسعي لكي أضمن تصنيفي في المجموعة الضّعيفة هذا العام.

حمل فريد الكتيـ.. الكتو.. الكتـ..
«الكتاب».
ياه، شكراً!

أمّي مقرّبة جدّاً من مديرنا. لذلك، أنا واثق أنّها تدخّلَت وحرصَت على أن يتمّ وضعي في مجموعة الموهوبين ثانيةً.

تقول أمّي دوماً إنّني ولد ذكيّ، غير أنّني لا «أبذل جهدي».

لكن إن تعلّمتُ شيئاً من رودريك، فهو جعل توقّعات
الناس حيالك منخفضة جدّاً لتفاجئهم بعدم فعل
شيء، على الإطلاق.

في الحقيقة، أنا سعيد نوعاً ما لأنّ خطّتي للانتماء إلى المجموعة الضّعيفة قد فشلَت.

رأيتُ ولدَين من مجموعة «يقول بينك بو» يحملان كتابَيهما بالمقلوب، ولا أعتقد أنّهما كانا يمزحان.

السبت
حسناً، أخيراً انتهى أوّل أسبوع مدرسيّ. لذلك نمت اليوم حتّى ساعة متأخّرة.

يستيقظ معظم الأولاد باكراً يوم السبت لمشاهدة الرسوم المتحرّكة أو لفعل شيء آخر، ولكن ليس أنا. السبب الوحيد لخروجي من السرير في عطلة نهاية الأسبوع هو أنّني لا أعود أطيق رائحة نَفَسي.

لسوء الحظّ، يستيقظ أبي عند السادسة صباحاً في أيّ يوم كان. وهو لا يراعي أبداً أنّني أحاول أن أستمتع بيوم السبت كأيّ شخص طبيعي.

لم يكن لديّ ما أفعله اليوم، فتوجّهتُ إلى منزل راولي.

تقنيّاً، راولي صديقي الحميم، غير أنّ هذا الأمر قابل للتغيير حتماً.

كنت أتفادى راولي منذ أوّل يوم مدرسيّ، عندما قام بشيء أزعجني فعلاً.

كُنّا نخرج أغراضنا من خزانتينا في آخر النهار، عندما اقترب راولي منّي وقال:

سبق لي أن قلتُ لراولي مليون مرّة على الأقلّ، إنّه بما أنّنا أصبحنا في المدرسة المتوسّطة، فعلينا أن نقول «نمضي الوقت معاً» وليس «نلعب». لكن، مهما وكزته، فإنّه ينسى في المرّة التالية.

أحاول أن أكون أكثر حذراً بكثير حيال صورتي منذ أن أصبحتُ في المدرسة المتوسطة. ولكنّ وجود راولي في الجوار لا يساعد أبداً.

تعرّفتُ إلى راولي منذ بضع سنوات عندما انتقل إلى حيّنا.

كانت أمّه قد اشترت له كتاباً بعنوان «كيف تكوّن صداقات في أماكن جديدة»، فجاء إلى بيتي ليجرّب كلّ تلك العبارات السخيفة.

أعتقدُ أنّني شعرت بالأسى على راولي وقررتُ أن أتبنّاه. أحببتُ فكرة كونه قريباً، على الأغلب لأنّني أستطيع أن أطبّق عليه كلّ المقالب التي يقوم بها رودريك معي.

هل تعرف أنّه إن كانت يدك
أكبر من وجهك فهذا دليل على قلّة الذكاء؟
حقّاً؟

ها نجحت!
صفعة!

ولكن هل أنا قليل
الذكاء؟
آه . . . دعني
أرى مجدّدا .

الاثنين

أتعرف كيف قلتُ إنّني أقوم بكل أنواع المقالب مع راولي؟ حسناً، لي أخ صغير اسمه ماني، ولا أستطيع أبداً أن أنجح في القيام بمثل هذه الأشياء معه.

فأمّي وأبي يحميان ماني وكأنّه أمير أو شيء من هذا القبيل. وهو لا يقع أبداً في ورطة حتى لو كان يستحقّ ذلك فعلاً.

البارحة، رسم ماني لوحة ذاتية على باب غرفتي بقلم حبر غير قابل للمحو. اعتقدتُ أنّ أمّي وأبي سيلقّنانه درساً لن ينساه. ولكن، كالعادة، كنتُ مخطئاً.

غير أنّ ما يزعجني حقّاً في ماني هو اللقب الذي يطلقه عليّ. فعندما كان طفلاً صغيراً، لم يكن باستطاعته لفظ كلمة «أخي»، فبدأ بمناداتي «بوبي». وما زال يناديني هكذا حتّى الآن، مع أنّني أطلب دائماً من أمّي وأبي إيقافه عن ذلك.

لحسن الحظّ، لم يكتشف أحد من أصحابي هذا الأمر بعد. ولكن، صدّقني، أوشكوا على اكتشاف ذلك عدّة مرات.

تجعلني أمّي أساعد في تحضير ماني للذهاب إلى المدرسة في الصباح. وبعد أن أحضّر لماني فطوره، يحمل وعاء الحبوب إلى غرفة المعيشة، ويجلس على مرحاضه البلاستيكي النقّال.

«ك» هو الحرف الأوّل في كلمة كعكة، والكعكة لي!

ها!

وعندما يحين موعد ذهابه إلى الحضانة، ينهض ويرمي بقايا طعامه مباشرة في مرحاضه البلاستيكي النقّال.

دامب

تضايقني أمّي دوماً لأنّني لا أنهي فطوري. ولكن لو كانت تكشط رقائق الذرة من قعر المرحاض البلاستيكي كلّ صباح، فستفقد شهيّتها هي أيضاً.

الثلاثاء

لا أدري إن كنتُ قد ذكرتُ ذلك من قبل، ولكن أنا بارع في ألعاب الفيديو. أؤكّد أنّني أستطيع أن أغلب أيّ واحد في صفّي وجهاً لوجه.

لسوء الحظّ، أبي لا يقدّر مواهبي. فهو يزعجني باستمرار لكي أخرج وأقوم بعمل «نشيط».

عندما بدأ أبي يلحّ عليّ للخروج من المنزل الليلة بعد العشاء، حاولتُ أن أشرح له كيف يمكنك بواسطة ألعاب الفيديو أن تمارس رياضات، ككرة القدم، من دون أن تشعر بالحرّ أو تتعرّق.

ولكن، كالعادة، لم يستوعب أبي منطقي.

أبي شخص ذكيّ عموماً، ولكن عندما يصل الأمر إلى
التفكير المنطقي، أبدأ أحياناً بالتساؤل.

أنا واثق أنّ أبي يودّ أن يفكك جهاز ألعابي لو كان
يعرف كيفيّة القيام بذلك. ولكن، لحسن الحظّ، إنّ
الأشخاص الذين يصنعون هذه الأشياء، يجعلونها
مقاوِمة للأهل.

في كـلّ مـرّة يطردني أبـي من المنزل لأقـوم بعمل رياضي، أذهب ببساطة إلى منزل راولي وأتابع اللعب بألعاب الفيديو هناك.

للأسف، الألعاب الوحيدة التي أستطيع أن ألعبها عند راولي هي ألعاب سباق السيارات وأشياء من هذا القبيل.

فكلّما أحضرتُ لعبة إلى منزل راولي، يجري والده بحثاً عنها في أحد مواقع الأهل الإلكترونيّة. وإذا كانت تحتوي على أيّ نوع من أنـواع العراك أو العنف، لا يسمح لنا باللعب.

بدأتُ أملّ من لعب «سباق الفورمولا وان» مع راولي لأنّه ليس لاعباً جديّاً مثلي. كلّ ما عليك فعله لكي تغلب راولي، هو أن تعطي سيارتك اسماً مضحكاً في بداية اللعبة.

وعندما تسبق سيارتك سيارة راولي، يفقد السيطرة على نفسه.

على أيّ حال، بعدما اكتفيتُ من هزم راولي اليوم، عدت إلى المنزل. ركضتُ بين مرشّات مياه جارنا مرّتين لأبدو متعرّقاً، ويبدو أنّ الحيلة انطلت على أبي.

غير أنّ حيلتي انقلبت عليّ. فما إن رأتني أمّي، حتّى جعلتني أصعد للاستحمام.

<u>الأربعاء</u>

يبدو أنّ أبي قد شعر بالفخر لأنّه جعلني أخرج من المنزل البارحة، فلقد أعاد الكرّة اليوم.

أصبح من المملّ فعلاً الذهاب إلى منزل راولي في كلّ مرّة أريد فيها أن ألعب لعبة فيديو. ثمّة ولد غريب الأطوار اسمه فريغلي يعيش في منتصف الطريق بين بيتي وبيت راولي. وهو يمضي وقته دائماً في حديقة منزله، ممّا يجعل تفاديه صعباً.

يحضر فريغلي حصّة التربية البدنية معي في المدرسة، وقد اخترع لغة خاصّة به. مثلاً، عندما يريد الذهاب إلى الحمام، يقول:

نحن الأولاد استطعنا أن نفهم لغة فريغلي، ولكن لا أعتقد أنّ الأساتذة توصّلوا إلى فهمها بعد.

اليوم، من المحتمل أن أذهب من تلقاء نفسي إلى منزل راولي، لأنّ أخي رودريك وأعضاء فرقته يتمرّنون في القبو.

فرقة رودريك فظيعة حقّاً، ولا أستطيع تحمُّل البقاء في المنزل عندما يتمرّنون.

اسم الفرقة «الحفاض الممتلئ»، غير أنّ الاسم يظهر على شاحنة رودريك «الحيفاض الموممتلئ».

قد تعتقد أنه تعمّد أن يكتب الكلمتين هكذا ليجعلهما تبدوان أجمل. لكن، أنا واثق أنك إذا أخبرتَ رودريك كيف يهجّئ كلمتي «حفاض ممتلئ»، فسيكون خبراً جديداً بالنسبة إليه.

كان أبي ضدّ فكرة أن ينشئَ رودريك فرقة موسيقية، لكن أمّي كانت متحمّسة للأمر.

وهي التي اشترت لرودريك أوّل مجموعة طبول.

أعتقد أنّ أمّي تتخيّل أنّنا سنتعلّم جميعاً العزف على آلات موسيقية ونصبح كفِرَق العائلات التي تراها على شاشة التلفاز.

أبي يكره فعلاً الموسيقى الصاخبة، وهذا ما يعزفه رودريك وفرقته. لا أظنّ أنّ أمّي تكترث بما يعزفه أو يسمعه رودريك، لأنّ كلّ الموسيقى بالنسبة إليها متشابهة. في الواقع، كان رودريك يستمع اليوم إلى أحد أقراصه المدمجة في غرفة المعيشة عندما دخلت أمّي وبدأت ترقص.

أزعج ذلك رودريك فعلاً، فاستقلّ سيارته إلى المتجر، وعاد بعد خمس عشرة دقيقة مع سمّاعتي أذن، مما حلّ المشكلة فوراً.

الخميس

اشترى رودريك البارحة قرصاً مدمجاً جديداً للموسيقى الصاخبة، يحمل ملصقاً كتب عليه «تحذير للأهل».

لم يسبق لي أن استمعت إلى أقراص مدمجة عليها عبارة «تحذير للأهل»، لأنّ أمّي وأبي لا يسمحون لي أبداً بشرائها من المركز التجاري. فأدركتُ أنّ الطريقة الوحيدة للاستماع إلى قرص رودريك المدمج هي أن آخذه وأتسلّل إلى خارج المنزل.

هذا الصباح، بعد ذهاب رودريك، اتصلتُ براولي وطلبتُ منه أن يحضر معه إلى المدرسة آلة تشغيل الأقراص المدمجة.

ثمّ ذهبتُ إلى غرفة رودريك وأخذتُ القرص المدمج عن الرّف.

لا يُسمح لنا بإحضار آلات خاصّة للاستماع إلى موسيقى إلى المدرسة، فكان علينا الانتظار حتّى ينتهي الغداء، عندما يسمح لنا الأساتذة بالخروج. وحالما سنحت لنا الفرصة، تسللتُ وراولي إلى الباحة الخلفية للمدرسة وشغّلنا قرص رودريك المدمج.

غير أنّ راولي نسيَ وضع بطّاريات في آلته، فكانت فعليّاً بلا جدوى.

عندها جئتُ بفكرة عظيمة للعب. كانت تقوم على وضع سمّاعتي الأذن على رأسك ومحاولة نزعهما من دون استعمال يديك.

الرّابح هو من يستطيع نزع السمّاعتين في أقصر وقت ممكن.

سجّلتُ الرّقم القياسي في سبع ثوانٍ ونصف، ولكن أظنّ أنّني خلخلتُ بعض حشوات أضراسي في أثناء ذلك.

في منتصف اللعبة، جاءت السيدة كريغ وأمسكتنا متلبّسَين. فأخذت منّي آلة تشغيل الأقراص المدمجة وبدأت بالصراخ علينا.

ولكن، أعتقد أنّها كوّنت انطباعاً خاطئاً عمّا كنّا نفعله هنا. إذ بدأت تخبرنا أنّ الموسيقى الصاخبة «مؤذية»، وكيف أنّها ستخرّب عقلينا.

كنتُ على وشك إخبارها أنّ الآلة لا تحتوي حتّى على بطّاريّات، لكن كان واضحاً أنّها لا تريد المقاطعة. فانتظرتُ حتى انتهت ثمّ قلتُ: «نعم سيدتي».

لكن، في اللحظة التي كانت السيدة كريغ ستسمح لنا فيها بأن نذهب، بدأ راولي بالنواح لأنّه لا يريد أن تخرّب الموسيقى الصاخبة «عقلينا».

بصراحة، أتساءل في بعض الأحيان بشأن هذا الولد.

الجمعة

حسناً، لقد فعلتُها الآن.

البارحة، وبعد أن نام الجميع، تسلّلتُ إلى الأسفل للاستماع إلى قرص رودريك المدمج على جهاز «الستيريو» في غرفة المعيشة.

وضعتُ سمّاعتي رودريك، ورفعتُ الصوت عالياً جدّاً، ثمّ كبستُ زرّ التشغيل.

أوّلاً، دعني أقول إنّني أتفهّم بالتأكيد لمَ يضعون ملصق «تحذير للأهل» على القرص المدمج.

غير أنّني لم أستطع أن أستمع إلاّ إلى نحو ثلاثين ثانية من أوّل أغنية قبل أن أُقاطَع.

تبيّن أنّني لم أصل السمّاعتين بجهاز «الستيريو».
فكانت الموسيقى تصدر من الجهاز وليس من
السمّاعتين.

قادني أبي إلى غرفتي وأغلق الباب وراءه، ثمّ قال:

دعنا نتحدّث قليلاً،
يا صديقي.

في كـلّ مـرّة يقول فيها أبي «يا صديقي» بهذه الطريقة أعرف أنّني في مأزق. أوّل مرّة قال لي أبي فيها «يا صديقي» على هذا النحو، لم أدرك أنّه كان ساخراً. لذا، لم أكن مستعدّاً.

صديقي = شيء حسن

لم أعد أرتكبُ هذا الخطأ الآن.

الليلة، صاح أبي نحو عشر دقائق، ثمّ أعتقد أنّه رأى أنّه من الأفضل أن يكون في سريره عوضاً عن وقوفه في غرفتي مرتدياً ثيابه الداخلية. قال لي إنّني محروم من ألعاب الفيديو لمدّة أسبوعين، كما توقّعتُ. أظنّ أنّه عليّ أن أفرح لأنّه لم يفعل غير ذلك.

ما يعجبني في أبي أنّه عندما يغضب، يهدأ بسرعة، ثمّ ينتهي الأمر.

عادةً، عندما تخطئ أمام أبي، فإنّه يرمي أيّ شيء يجده في يده.

وقت مناسب للعبث مع أبي:

وقت غير مناسب للعبث مع أبي:

لأمّي أسلوب مختلف كلّياً في العقاب. إن أخطأتَ وأمسكتك أمّي، فأول ما تفعله هو أن تستغرق بضعة أيام لتقرّر ما هو عقابك.

وبينما أنتَ تنتظر، تفعل كلّ تلك الأشياء اللطيفة في محاولةٍ لتخفيف العقاب.

لكن، بعد بضعة أيام، تكون قد نسيتَ أنّك في مأزق، فتنزل بك عقابها.

الاثنين

هذا الحظر على ألعاب الفيديو كان أصعب ممّا تصوّرتُ. لكن على الأقلّ، لستُ الوحيد في العائلة الواقع في ورطة.

فقد تأزّم الوضع بين رودريك وأمّي أيضاً. إذ عثر ماني على إحدى مجلاّت رودريك الموسيقية، وعلى إحدى صفحاتها صورة لامرأة على شاطئ البحر، ثمّ أحضرها ماني إلى الحضانة ليريها لرفاقه ويخبرهم عنها.

بكلّ الأحوال، لا أظنّ أنّ أمّي كانت سعيدة بتلقّي ذلك الاتصال الهاتفي.

لقد رأيتُ المجلّة بنفسي، وبصراحة لم تكن الصورة بهذه الفظاعة. لكنّ أمّي لا تسمح بمثل هذه الأمور في المنزل.

كان عقاب رودريك أن يجيب عن مجموعة من الأسئلة التي أعدّتها له أمّي.

هل أصبحتَ شخصاً أفضل
بامتلاكك هذه المجلة؟

كلّا.

هل زادت من شعبيّتك
في المدرسة؟

كلّا.

كيف تشعر حيال امتلاكك
هذا النوع من المجلات؟

أشعر بالخجل.

هل لديك شيء تقوله للنساء
لامتلاكك هذا النوع المهين من المجلات؟

أنا آسف أيّتها النساء.

الأربعاء

ما زلتُ ممنوعاً من لعب ألعاب الفيديو، لذا استعمل ماني جهازي. اشترت له أمّي مجموعة كبيرة من ألعاب الفيديو التعليمية، وكانت مشاهدتي له وهو يلعبها تشبه التعذيب.

الخبر الجيّد هو أنّني استطعتُ أخيراً أن أجد طريقة لتمرير بعض ألعابي إلى راولي من دون انتباه والده. كلّ ما تطلّبه الأمر هو وضع إحدى أسطواناتي في علبة «اكتشاف الألفباء» التي يملكها ماني.

الخميس

أعلنوا في المدرسة اليوم عن اقتراب موعد انتخابات حكومة الطلّاب. لأكون صريحاً معك، لم أهتمّ يوماً بحكومة الطلّاب. لكن، حين بدأتُ التفكير في الأمر، أدركتُ أنّه إن تمّ انتخابي أميناً للصندوق، فسيغيّر ذلك وضعي في المدرسة كليّاً.

لا، بل وأفضل من ذلك...

لا أحد يفكّر في الترشّح لمنصب أمين الصندوق، لأنّ الجميع لا يهتمّون إلاّ بالمناصب العليا، كالرئيس ونائب الرئيس. ففكّرتُ في أنّني إن سجّلت اسمي غداً، فستكون وظيفة أمين الصندوق لي.

الجمعة

ذهبتُ اليوم، ووضعتُ اسمي على اللائحة لأترشح لمنصب أمين الصندوق. لسوء الحظّ، كان ثمّة ولد اسمه مارتي بورتر مترشّح لمنصب أمين الصندوق أيضاً، وهو بارع فعلاً بالرياضيات. يبدو أنّ الأمر أصعب ممّا توقّعتُ.

أخبرتُ أبي أنّني أشاركُ في انتخابات حكومة الطلّاب، وبدا متحمّساً جدّاً. تبيّن أنّه ترشّح لانتخابات حكومة الطلّاب عندما كان في مثل سنّي وفاز.

بحث أبي في بعض الصناديق القديمة في القبو، ووجد أحد ملصقات حملته الانتخابية.

نزاهة
صدق
خبرة

صوّتوا
لفرانك هيفلي
أميناً للسرّ

وجدت أنّ الملصقات فكرة جيدة، فطلبتُ من أبي أن يقلّني إلى المتجر لشراء بعض المعدّات. اشتريتُ الكثير من ألواح الملصقات وأقلام الحبر، وأمضيتُ بقيّة الليلة وأنا أحضّرُ لحملتي. لنأمل أن تنجح هذه الملصقات.

الاثنين

أحضرتُ ملصقاتي إلى المدرسة اليوم، ويجب عليّ أن أقول إنّها جيّدة.

بدأتُ بتعليق ملصقاتي ما إن دخلتُ إلى المدرسة. غير أنّها لم تبقَ معلّقة لأكثر من ثلاث دقائق قبل أن يراها نائب المدير روي.

قال السيد روي إنّ كتابة «الافـــتراءات» عن المرشّحين الآخرين أمر ممنوع. فقلتُ للسيد روي إنّ قصّة القمل صحيحة، وإنّه بسببها أقفلت المدرسة أبوابها فعليّاً.

لكنّه مع ذلك أزال ملصقاتي. هكذا، دار مارتي بورتر اليوم وهو يوزّع المصّاصات ليشتري الأصوات، بينما اختفت ملصقاتي في قعر سلّة مهملات السيّد روي. هذا يعني حسب ما أظنّ أنّ مسيرتي السياسية قد انتهت رسميّاً.

تشرين الأوّل

الاثنين

أخيراً، حلّ شهر تشرين الأوّل، ولم يبقَ سوى ثلاثين يوماً للاحتفال بيوم التّنكّر. هذا الاحتفال هو مناسبة الاحتفال المفضّلة لديّ، مع أنّ أمّي تقول إنّني أصبحتُ كبيراً على لعبة خدعة ـ أم ـ حلوى.

الاحتفال بيوم التّنكّر هو الاحتفال المفضّل بالنسبة إلى أبي أيضاً، لكن لسبب مختلف. فعشية الاحتفال، وبينما يوزّع سائر الأهالي الحلوى، يختبئ أبي وراء الشجيرات حاملاً سلّة مهملات كبيرة مليئة بالماء.

وإن مرّ مراهقون على طريقنا الخاصّ، يرشّهم بالماء.

لستُ أكيداً من أنّ أبي يفهم حقّاً معنى الاحتفال.
لكنّني لن أكون الشخص الذي سيفسد عليه
فرحته.

الليلة كانت ليلة افتتاح البيت المسكون في مدرسة
كروسلاند الثانوية، واستطعتُ أن أقنع أمّي بأخذي
أنا وراولي إلى هناك.

حضر راولي لابساً زيّه التنكري من السنة الماضية.
عندما اتصلتُ به سابقاً طلبت منه أن يرتدي
ملابس عاديّة، ولكنّه بالطبع لم يصغِ إليّ.

بالرغم من ذلك، حاولتُ ألاّ أدع ذلك يزعجني. لم يُسمَح لي من قبل أن أذهب إلى بيت كروسلاند المسكون، ولن أدع راولي يفسد الأمر عليّ. أخبرني رودريك كلّ شيء عن هذا البيت، وأنا بانتظار هذه اللحظة منذ ثلاث سنوات.

على أيّ حال، عندما وصلنا إلى المدخل، بدأتُ أعيد النظر في الموضوع.

لكن يبدو أنّ أمّي أرادت أن تنتهي من الأمر بسرعة، فتقدّمت بنا إلى الداخل. ما إن عبرنا الباب، حتى توالت المشاهد المرعبة من كلّ حدب وصَوب. كان ثمّة مصّاصو دماء يقفزون عليك، وأناس بلا رؤوس، وأشياء جنونية من كلّ الأشكال والألوان.

لكنّ الجزء الأسوأ كان المنطقة المسمّاة «ممرّ المنشار الكهربائي». إذ كان هناك فتى ضخم مع منشار كهربائي حقيقي. أخبرني رودريك أنّ للمنشار الكهربائي شفرة مطّاطية، لكنّني لم أكن مستعدّاً للمخاطرة.

رورورورورو!

وعندما بدا أنّ فتى المنشار الكهربائي سيمسك بنا، تدخّلت أمّي وأنقذتنا.

أجبرت أمّي فتى المنشار الكهربائي على إرشادنا إلى المخرج، وكان ذلك نهاية تجربتنا مع البيت المسكون. أظنّ أنّ ما فعلته أمّي كان محرجاً بعض الشيء، لكنّني مستعدّ للتغاضي عن الأمر هذه المرّة.

السبت

بيت كروسلاند المسكون دفعني إلى التفكير. فقد تقاضى الشباب خمسة دولارات على الشخص، وامتدّ الطابور حول نصف المدرسة.

قرّرتُ أن أصنع بيتاً مسكوناً بنفسي. في الواقع، اضطررتُ إلى ضمّ راولي إلى الصفقة لأنّ أمّي لم تسمح لي بتحويل الطابق الأرضي من منزلنا إلى بيت مسكون.

أعرف أنّ والد راولي لن يطير فرحاً لدى سماعه الفكرة هو أيضاً، لذا، قرّرنا أن نبني البيت المسكون في قبو منزله من دون أن نأتي على ذكر الأمر لوالديه.

قضينا أنا وراولي معظم النهار ونحن نعمل على مخطّط رائع لبيتنا المسكون.

59

مخطّطنا النهائي كان كالتالي:

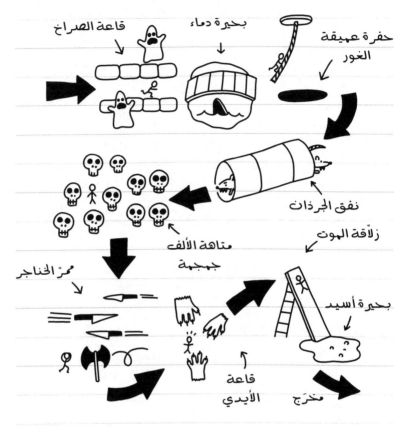

لا أقصد التباهي أو أيّ شيء من هذا القبيل، لكن ما كان لدينا أفضل بكثير من بيت كروسلاند المسكون.

أدركنا أنّنا بحاجة إلى نشر خبر إعدادنا لهذا الشيء، فأخذنا مجموعة من الأوراق وصنعنا بعض المنشورات.

أعترف أنّنا ربما بالغنا قليلاً في إعلاننا. لكن، كان علينا التأكّد من أنّ الناس سيأتون.

في الوقت الذي أنهينا فيه تعليق الملصقات في الجوار، كانت الساعة قد أصبحت 2:30، ولم نكن قد بدأنا بعد بصنع البيت المسكون.

لذا كان علينا أن نختصر بعض الزوايا من مخطّطنا الأصلي.

عند الساعة الثالثة، نظرنا إلى الخارج لنرى إذا حضر أحد. وبالفعل، كان نحو عشرين ولداً من أبناء الحيّ ينتظرون في الصفّ أمام قبو راولي.

الآن، أعرف أننا كتبنا على ملصقاتنا «خمسين» سنتاً. لكن، كان واضحاً بالنسبة إليّ أنّنا نستطيع إجراء صفقة رابحة هنا.

فأخبرتُ الأولاد أنّ أجرة الدخول دولاران، أمّا الخمسون سنتاً فهي مجرّد خطأ مطبعي.

أوّل من دفع الدولارين كان شاين سنيلاّ. أعطانا نقوده وسمحنا له بالدخول، ثمّ اتخذنا أنا وراولي مكانينا في قاعة الصراخ.

قاعة الصراخ عبارة عن سرير يتدلّى كلّ منّا، أنا وراولي، من أحد أطرافه.

أظنّ أنّنا جعلنا قاعة الصراخ أكثر إخافة ممّا هو مطلوب بقليل، لأنه في منتصف الطريق تقوقع شاين على شكل طابة تحت السرير. حاولنا أن نجعله يزحف إلى الخارج، ولكنّه لم يتحرّك.

بدأت أفكّر في المال الذي نخسره، في الوقت الذي يبقى فيه هذا الولد متقوقعاً في قاعة الصراخ، وأدركت أنّه يجب علينا إخراجه من هناك بسرعة.

في النهاية، نزل إلينا والد راولي. في البداية فرحتُ لرؤيته، لأنّني اعتقدتُ أنّه باستطاعته مساعدتنا في سحب شاين من تحت السرير، وإعادة بيتنا المسكون إلى العمل مجدّداً.

غير أنّ والد راولي لم يكن في مزاج مناسب لتقديم المساعدة.

أراد والد راولي معرفة ما كُنّا نفعله، وسألنا لماذا كان شاين سنيلاً متكوّراً تحت السرير.

أخبرناه أنّ القبو بيت مسكون، وأنّ شاين سنيلا دفع لنا المال لنفعل به هذا. لكنّ والد راولي لم يصدّقنا.

أعترفُ أنّك إذا نظرتَ حولك، فلن يبدو المكان كبيت مسكون. فضيق الوقت لم يسمح لنا سوى بتحضير قاعة الصراخ وبحيرة الدماء. والبحيرة كانت في الواقع بركة الأطفال القديمة الخاصة براولي، وفيها نصف قنينة كاتشب.

حاولتُ أن أُريَ والد راولي مخطّطنا الأصلي لأبرهن له أنّنا فعلاً ندير عملية شرعية، لكنّه مع ذلك لم يبدُ مقتنعاً.

باختصار، كانت تلك نهاية بيتنا المسكون.

لحسن الحظّ، لم يجبرنا والد راولي على إعادة المال لشاين، لأنّه لم يصدّقنا. على الأقلّ، كسبنا اليوم دولارين.

الأحد

في النهاية، عوقبَ راولي بسبب فوضى البيت المسكون التي تسبّبنا بها البارحة. فمُنِعَ من مشاهدة التلفاز لمدّة أسبوع، ولم يُسمَح له باستقبالي في منزله خلال تلك الفترة.

ذاك الجزء الأخير كان ظالماً حقّاً، لأنّه عقاب لي أنا أيضاً، مع أنّني لم أقترف أيّ ذنب. والآن، أين سألهو بألعاب الفيديو؟

على كلّ حال، شعرتُ بالأسى على راولي. لذا، حاولتُ الليلة أن أعوّضه عن ذلك. شغّلتُ التلفاز على أحد برامج راولي المفضّلة، وأخبرته عبر الهاتف ما يحدث بإسهاب كي يعيش التجربة.

ياه! انظر إلى حجم قاذف اللهب هذا!
آه، أجل، لا بأس.

فعلتُ ما بوسعي لمجاراة ما كان يدور على الشاشة.
لكن، لأكون صريحاً، لستُ أكيداً من أنّ راولي تلقى التأثير الكامل.

الثلاثاء

حسناً، انتهى أخيراً عقاب راولي، وفي الوقت المناسب للاحتفال بيوم التّنكّر. ذهبتُ إلى منزله لأرى زيّه التنكري، وعليّ الاعتراف بأنّني شعرت بشيء من الغيرة.

اشترت أمّ راولي لابنها زيّ فارس أجمل بكثير من زيّ السنة الماضية.

كان لزيّ الفارس التنكّري خـوذة، ودرع، وسيف حقيقيّ، وكلّ شيء.

لم أحظَ بزيّ كامل من المتجر من قبل، ولا أعرف حتى الآن ماذا سأرتدي مساء غد. لذا، أظنّ أنّني سأخترع شيئاً في اللحظة الأخيرة. فكّرتُ بتكرار مومياء ورق الحمّام مرّة أخرى.

لكن أظنّ أنّها ستمطر ليلة غد، وبالتالي لن يكون هذا الخيار جيّداً.

في السنوات الأخيرة، ضاق الجيران ذرعاً بأزيائي التنكرية السخيفة، وبدأتُ أعتقد أنّ للأمر تأثيراً في كمّية الحلوى التي أحصل عليها.

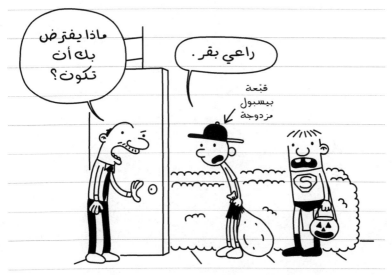

ماذا يفترض بك أن تكون؟
راعي بقر.
قبّعة بيسبول مزدوجة

لكنّني لا أملك الوقت لابتكار زيّ تنكري جيّد. إذ عليّ أن أضع مخطّطاً لأفضل طريق نسير فيه أنا وراولي مساء غد.

وضعتُ هذا العام خطّة لنجني على الأقلّ ضعف كمية الحلوى التي حصلنا عليها العام الفائت.

احتفال التّنكّر

لم تكن تفصلنا سوى ساعة واحدة عن موعد خروجنا للعب خدعة-أم-حلوى، وما زلت من دون زيّ تنكري. في تلك اللحظة، فكّرتُ جدّياً بارتداء زيّ راعي البقر للسنة الثانية على التوالي.

إلاّ أنّ أمّي طرقت باب غرفتي وناولتني زيّ قرصان، مع رقعة للعين وخطّاف وكلّ شيء.

وصل راولي قرابة الساعة السادسة والنصف لابساً زيّ الفارس، غير أنّه بدا مختلفاً كلّياً عمّا كان عليه البارحة.

فقد أضافت عليه أمّ راولي كلّ تحسينات السلامة، ولم يعد باستطاعتك أن تخمّن ما يُفترض به أن يكون.

صنعَت ثقباً كبيراً في مقدّمة الخوذة ليرى بشكل أفضل، وغطّتها بشريط لاصق عاكس. كما أجبرته على ارتـداء معطفه الشتوي تحـت كـلّ شيء، واستبدلت سيفه بعصا مضيئة.

أخذتُ غطاء وسادتي وهممت أنا وراولي بالخروج. غير أنّ أمّي أوقفتنا قبل أن نخرج من الباب.

أريدك أن تصطحب ماني معك!

يا رجـل، كـان عليّ أن أعلم أنّ الـزيّ التنكري شرك.

أخبرتُ أمّي أنّه من المستحيل أن آخذ ماني معنا لأنّنا سنزور 152 بيتاً في ثلاث ساعات. بالإضافة إلى ذلك، سنسلك طريق الأفعى، وهو خطير جدّاً بالنسبة إلى طفل صغير مثل ماني.

لم يجدر بي ذكر هذا الجزء الأخير. فقبل أن أدرك ما يحدث، طلبت أمّي من أبي مرافقتنا للتأكّد من أنّنا لن نخطو خارج حيّنا. حاول أبي التملّص من الأمر، ولكن عندما تقرّر أمّي شيئاً، فمن المستحيل تغيير رأيها.

قبل أن نغادر ممرّ منزلنا، التقينا جارنا السيد ميتشل وابنه جيريمي . وبطبيعة الحال، رافقانا .

رفض ماني وجيريمي لعب خدعة – أم – حلوى عند المنازل المزيّنة بشكل مخيف، ممّا استثنى كلّ منازل شارعنا تقريباً .

بدأ أبي والسيد ميتشل بالتحدّث عن كرة القدم أو شيء من هذا القبيل، وكلّما أراد أحدهما إثبات وجهة نظره، كانا يتوقفان عن السير .

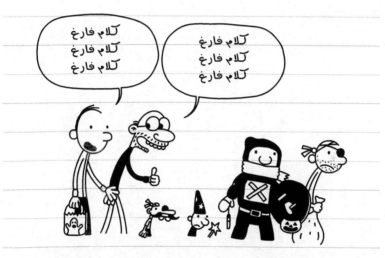

فكنّا نزور منزلاً واحداً فقط كلّ عشرين دقيقة .

بعد ساعتين، أعاد أبي والسيد ميتشل الصغيرَين إلى المنزل.

أفرحني ذلك، لأنّه يعني أنّه باستطاعتي وراولي الذهاب إلى حيث نشاء. كان غطاء وسادتي فارغاً تقريباً، فأردتُ أن أعوّض الوقت الضائع قدر المستطاع.

بعد قليل، قال راولي إنّه بحاجة إلى دخول الحمّام. أجبرته على الانتظار لخمس وأربعين دقيقة إضافية. لكن، حين وصلنا إلى منزل جدّتي، كان واضحاً أنّ راولي لن يصمد أكثر من ذلك.

فقلتُ له إنّه إن لم يرجع بعد دقيقة واحدة، فسأبدأ بالتهام قطع الحلوى الخاصة به.

بعدها عدنا إلى الطريق. لكن، كانت الساعة قد أصبحت 10:30، وأظنّ أنّه الوقت الذي يقرّر فيه معظم الكبار أنّ احتفال التّنكّر قد انتهى.

يمكنك أن تخمّن ذلك لأنّهم يبدأون عندها بفتح الباب وهم يرتدون ثياب النوم ويرمقك بنظرات شريرة.

قرّرنا التوجّه إلى المنزل. فقد عوّضنا كثيراً عمّا فاتنا بعدما رحل أبي وماني، وكنت راضياً عن كمّية الحلوى التي جمعناها.

في منتصف الطريق، اقتربت شاحنة تُقلّ أولاداً من المدرسة الثانوية، وملأ هديرها المكان.

كان الفتى الجالس في الخلف يحمل مطفأة حريق، وعندما مرّت بنا الشاحنة، فتح النار علينا.

عليّ الاعتراف بالفضل لراولي، لأنّه صدّ حوالى 95% من الماء بواسطة درعه. ولولاه لابتلّت الحلوى كلّها.

عندما ابتعدت الشاحنة، صحتُ بشيء، ندمتُ عليه بعد ثانيتين.

ضغط السائق على المكابح بعنف، واستدار بشاحنته عائداً نحونا. بدأنا أنا وراولي بالركض، لكنّ هؤلاء الفتيان كانوا في أعقابنا.

المكان الوحيد الآمن الذي استطعتُ أن أفكّر فيه كان منزل جدّتي. فعبرنا فناءين للوصول إلى هناك. كانت جدّتي قد نامت، لكنّني أعلم أنّها تبقي مفتاحاً تحت ممسحة الأرجل على شرفتها الأمامية.

ما إن دخلنا، حتى ذهبتُ إلى النافذة لأرى إن كان الفتيان قد تبعونا، وهذا ما حدث بالفعل. حاولتُ أن أحتال عليهم ليذهبوا، إلاّ أنّهم لم يتحرّكوا من مكانهم.

حسناً، أظنّ أنّنا الآن
بأمان في بيتنا،
لا يمكنكم اللحاق بنا!

بعد مرور بعض الوقت، أدركنا أنّ المراهقين سينتظرون خروجنا، فقرّرنا تمضية الليلة عند جدّتي. هنا أُصبنا بالغرور، وبدأنا نصدر أصواتاً كالقردة نحو المراهقين وكلّ ما حولنا.

حسناً، على الأقلّ أنا أصدرتُ صوت قرد. أمّا ما صدر عن راولي فكان أشبه بصوت البوم، لكن أظنّ أنّ الفكرة العامّة كانت واحدة.

اتصلتُ بأمّي لأخبرها أنّنا سنبيت عند جدّتي. غير أنّها بدت غاضبة فعلاً عبر الهاتف.

قالت إنّ غداً يوم مدرسيّ، وإنّه يجب علينا العودة إلى المنزل في الحال. وهذا يعني أنّه علينا أن نركض.

نظرتُ من النافذة، وهذه المرّة لم أرَ الشاحنة. لكنّني عرفت أنّ أولئك الصبية كانوا يختبئون في مكان ما، ويحاولون استدراجنا إلى الخارج.

فتسلّلنا من الباب الخلفي، وقفزنا من فوق سياج جدّتي، ثمّ ركضنا كلّ المسافة المؤدّية إلى طريق الأفعى. فكّرتُ في أنّ فرصنا بالنجاة هناك أفضل بسبب عدم وجود إنارة في الشارع.

ممرّ الأفعى مخيف بحدّ ذاته، من دون وجود شاحنة مليئة بمراهقين يحاولون اصطيادك. كلّما رأينا سيارة قادمة، غصنا في الشجيرات. لا بدّ من أنّنا أمضينا أكثر من نصف ساعة لنجتاز 100 ياردة.

لكن صدّق أو لا تصدّق، نجحنا في الوصول إلى المنزل من دون أن يقبضوا علينا. لم يتخلّ أيّ منّا عن حذره حتى وصلنا إلى ممرّ منزلي.

لكن، في تلك اللحظة بالذات، سمعنا صرخة مريعة، ورأينا موجة كبيرة من الماء تتّجه نحونا.

يا رجل، نسيتُ أبي تماماً، ودفعنا ثمن ذلك غالياً.

عندما دخلنا أنا وراولي، وضعنا كلّ الحلوى التي جمعناها على طاولة المطبخ.

كلّ ما استطعنا إنقاذه كان قطعتي حلوى بالنعناع ملفوفتين بالسلوفان، وفراشي الأسنان التي أعطانا إيّاها الدكتور هاريسون.

أعتقدُ أنّني في احتفال التّنكّر المقبل سألازم المنزل، وأسرق بعض أصابع الحلوى بالزبدة التي تحتفظ بها أمّي في وعاء فوق البرّاد.

تشرين الثاني

الخميس

في طريقنا إلى المدرسة اليوم، مررنا بالحافلة قرب منزل جدّتي. لقد غُلِّف بورق الحمّام ليلة البارحة، ولم يفاجئني ذلك.

ومع ذلك، شعرت بالذنب قليلاً، لأنّ تنظيفه سيستغرق وقتاً، كما بدا. ولكنّ الناحية الإيجابية، هي أنّ جدّتي متقاعدة، وعلى الأرجح، لم تخطّط لفعل شيء اليوم على أيّ حال.

الأربعاء

في الحصة الثالثة، أعلن السيّد أندروود، أستاذ التربية البدنية، أنّ الفتيان سيتلقّون دروس مصارعة في الأسابيع الستّة القادمة.

إن كان ثمّة شيء يحبّه معظم الفتيان في مدرستي، فهو المصارعة المحترفة. فبدا الأمر وكأنّ السيد أندروود ألقى قنبلة.

تأتي فرصة الغداء مباشرة بعد حصّة الرياضة البدنية، فتحوّلت فيها الكافيتيريا إلى مستشفى للمجانين.

لا أعرف ما قصد المدرسة من تشكيل فرقة مصارعة.

لكنّني قرّرتُ أنّه من الأفضل لي أن أدرس موضوع المصارعة هذا جيّداً إن كنتُ لا أريد أن أُلفّ كالكعكة المجدولة خلال الخمسة والأربعين يوماً القادمة.

لذا استأجرتُ لعبتي فيديو لأتعلّم بعض الحركات.
وهل تدري ماذا حدث؟ بعد فترة، أصبحتُ أجيدها
فعلاً.

في الواقع، يجب على الأولاد في صفّي الاحتراس منّي،
لأنّني إن أكملتُ على هذا النحو، فسأشكّلُ خطراً
حقيقياً.

من ناحية أخرى، من الأفضل ألاّ أتفوّق كثيراً. فقد نال ولد يدعى بول ماد لقب «رياضيّ الشهر» لكونه أفضل لاعب في فرقة كرة السلّة. فعلّقوا صورته في الرواق.

تطلّب الأمر خمس ثوانٍ ليدرك التلامذة كيف يبدو اسم «بول ماد» عندما يُلفظ بصوت عالٍ. وحينذاك، انتهى كلّ شيء بالنسبة إلى بول.

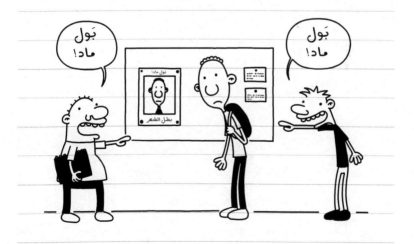

الخميس

في الواقع، اكتشفتُ اليوم أنّ نوع المصارعة التي يعلّمها الأستاذ أندروود مختلف كلّياً عن النوع الذي يُعرَض على شاشة التلفاز.

أوّلاً، علينا ارتداء هذه الأشياء التي تشبه ملابس سباحة من القرن التاسع عشر.

ثانياً، لا يوجد دقّ خوازيق، أو ضرب الناس على رؤوسهم بالكراسي، أو أيّ شيء من هذا القبيل.

لا توجد حتّى حلبة محاطة بالحبال. بل يقتصر الأمر مبدئياً على «فرشة» تفوح منها رائحة عرق كريهة، وكأنّها لم تُغسل من قبل قطّ.

بدأ السيد أندروود يطلب متطوّعين ليرينا بعض حركات المصارعة، لكن كان من المستحيل أن أرفع يدي.

حاولت وراولي أن نختبئ في آخر قاعة الرياضة قرب الستائر، إلاّ أنّ الفتيات كنّ يمارسن الرياضة هناك.

خرجنا من هناك بسرعة، وعُدنا للانضمام إلى باقي الفتيان.

انتقاني السيد أندروود، ربما لأنّني أخفّ الأولاد وزناً في الصفّ، وبإمكانه أن يرميني من دون إجهاد نفسه. عرض أمام الجميع كيفية القيام بكل هذه الحركات المسمّاة «نصف نلسون»، و«الشقلبة»، و«البطح أرضاً»، وما إلى ذلك.

وبينما كان يقوم بحركة اسمها «رفعة رجل الإطفاء»، شعرتُ بنسمة في الأسفل، وأدركتُ أنّ ردائي لا يغطّيني جيّداً.

عندها أحسست بالامتنان لوجود الفتيات في الجهة الأخرى من القاعة.

قسّمنا السيد أندروود إلى مجموعات بحسب الأوزان. فرحتُ بالأمر في البداية، لأنّني لن أُضطرّ إلى مصارعة أولاد مثل بيني ويلز، القادر على طحن 250 رطلاً.

لكن، بعدها اكتشفتُ مَن يجب أن أُصارعه، ولكنتُ بادلتُه ببيني ويلز في غمضة عين.

غريغ، ستكون شريك فريغلي.

كان فريغلي الولد الوحيد الذي يناسب وزنه وزني. وعلى ما يبدو، كان فريغلي منتبهاً عندما أعطى السيد أندروود تعليماته، لأنّه ثبّتني بكلّ الطرائق الممكنة. هكذا أمضيت الحصّة السابعة وأنا أتقرّب من فريغلي أكثر بكثير مما أردت يوماً.

تويت!

الثلاثاء

قلبت فرقة المصارعة مدرستنا رأساً على عقب. أصبح الأولاد الآن يتصارعون في الأروقة، والصفوف، وفي كلّ مكان يخطر على بالك. إلاّ أنّ الخمس عشرة دقيقة التي نمضيها في الملعب بعد الغداء كانت الأسوأ.

لا يمكنك السير خمس خطوات من دون التعثّر بولدين يتعاركان. أحاولُ فقط البقاء على مسافة منهم. وتذكّر ما أقوله: سيتمرّغ أحد هؤلاء الأغبياء على قطعة الجبن ويعيد إطلاق لمسة الجبن من جديد.

مشكلتي الكبيرة الأخرى هي أنّه عليّ أن أصارع فريغلي كلّ يوم. لكنّني أدركتُ شيئاً هذا الصباح.

إن استطعتُ الخروج من فئة وزن فريغلي، فلن أضطرّ إلى مصارعته بعد الآن.

لذا، حشوتُ اليوم ملابسي بكومة من الجوارب والقمصان لأنتقل إلى فئة الوزن التالية.

غير أنّني بقيتُ أخفّ وزناً من المطلوب.

أدركتُ أنّه عليّ أن أزيد وزني فعلياً. فكّرتُ في البداية في الإكثار من أكل الوجبات السريعة، ثمّ خطرت لي فكرة أفضل بكثير.

قرّرتُ أن أزيد وزني بالعضلات وليس بالبدانة .

لم أهتمّ يوماً بتحسين لياقتي ، إلاّ أنّ فرقة المصارعة جعلتني أعيد النظر ببعض الأمور .

أظنّ أنّه من المفيد بالنسبة إليّ مستقبلاً أن أزداد حجماً الآن .

فمباريات كرة القدم تبدأ في الربيع . وفيها يقسمون الفرق إلى مجموعتين ، واحدة يرتدي أعضاؤها قمصاناً والأخرى من دون قمصان . وأنا أصنّف دائماً مع الفريق الذي لا يرتدي القمصان .

أعتقد أنّهم يفعلون ذلك عمداً لإحراج الأولاد النّحلى .

إن استطعتُ اكتساب بعض العضلات الآن، فسيختلف الوضع تماماً في نيسان المقبل.

الليلة بعد العشاء، جمعتُ أمّي وأبي وأخبرتهما بخطّتي. قلت إنّني بحاجة إلى معدّات كثيرة للتمارين وبعض من مسحوق زيادة الوزن.

أريتهما بعض مجلّات الرياضة التي اشتريتُها من المتجر ليعرفا كم سيصبح جسدي قويّاً.

لم تقل أمّي شيئاً في البداية، غير أنّ أبي بدا في غاية الحماسة. أظنّ أنه مسرور لأنّ أسلوبي في التفكير تغيّر عمّا كان عليه في صغري.

لكنّ أمّي طلبت منّي إثبات أنّه باستطاعتي الالتزام ببرنامج رياضيّ إن كنتُ أريد الحصول على عدّة للوزن. قالت إنّه بإمكاني إثبات ذلك من خلال القيام بتمارين المعدة والوثب لمدّة أسبوعين.

شرحت لهما أنّ الوسيلة الوحيدة ليصبح جسمي ضخماً هي الحصول على آلات متطوّرة كتلك الموجودة في الصالة الرياضة، غير أنّ أمّي لم تقتنع مطلقاً.

عندها، قال أبي إنّني إن أردتُ الحصول على منضدة لرفع الأثقال فعليّ إبقاء أصابعي معقودة حتى الميلاد.

لكنّ الميلاد كان بعد شهر ونصف. وإن ثبّتني فريغلي أرضاً مرّة أخرى، فسأصاب بانهيار عصبي.

إذاً، يبدو أنّ أمّي وأبي لن يساعداني. وهذا يعني أنّني مضطرّ إلى تولّي الأمر بنفسي، كالعادة.

السبت

كنت متحمّساً لبدء برنامج تمارين الوزن اليوم. حتّى لو لم تسمح لي أمّي بالحصول على المعدّات التي أحتاج إليها، فلن أدع ذلك يعيقني.

هكذا، ذهبتُ إلى المطبخ، وأفرغتُ مستوعبي الحليب وعصير البرتقال، ثمّ ملأتهما بالرمل. وألصقتهما بعد ذلك بعصا المِمسحة، وأصبحت لديّ أداة لائقة لرفع الأثقال.

بعد ذلك، صنعتُ منضدة لرفع الأثقال من طاولة كَيّ وبعض الصناديق. وحالما جهّزتُ كلّ شيء، أصبحتُ مستعدّاً لممارسة تمارين جديّة.

كنت بحاجة إلى شريك للمراقبة، فاتّصلتُ براولي. وعندما وصل مرتدياً زيّاً سخيفاً، علمتُ أنّني ارتكبتُ خطأ بدعوته.

جعلتُ راولي يجرّب منضدة رفع الأثقال أوّلاً، فقد أردتُ التأكّد من أنّ عصا المِمسحة ستتحمّل الوزن.

رفع الأثقال خمس مرّات تقريباً، ثم أراد التوقّف، لكنّني لم أدعه يفعل ذلك. تلك هي فائدة الشريك الجيّد، أن يحثّك على تخطّي قدراتك.

علمتُ أنّ راولي لن يكون جديّاً مثلي في ما يتعلق برفع الأثقال. فقرّرتُ القيام بتجربة لاختبار تفانيه.

بينما كان راولي يقوم بتمارينه، ذهبتُ وأحضرتُ أنفاً وشارباً مزيّفين يضعهما رودريك في درجه المخصّص للخردة.

وفي اللحظة التي أنـزل فيها راولي الأثـقـال على صدره، انحنيتُ فوقه ونظرتُ إليه.

وكما توقّعتُ، فقد راولي تركيزه تماماً. حتّى إنّه لم يستطع رفع الأثقال عن صدره. فكّرتُ في مساعدته، ثمّ أدركتُ أنّه إن لم يأخذ الأمر بجدّية، فلن يتمكّن أبداً من مجاراتي.

اضطررتُ في النهاية إلى إنقاذه، لأنّـه بـدأ يقضم مستوعب الحليب لإفراغ الرمل منه.

بعد أن نزل راولي عن منضدة رفع الأثقال، حان دوري. إلاّ أنّ راولي قال إنّه لم يعد يرغب في التمرّن، وذهب إلى بيته.

أتعلم، تخيّلتُ أنّه قد يفعل شيئاً كهذا. لكن، لا يمكنك أن تتوقّع أن يكون الجميع متفانياً مثلك.

الأربعاء

كان لدينا اليوم امتحان في مادّة الجغرافيا، ويجدر بي القول إنّني كنتُ أنتظر هذا الامتحان منذ وقت طويل.

كان الامتحان عن عواصم الولايات، وكنت أجلس في آخر الغرفة، بجانب خريطة عملاقة للولايات المتحدة. كلّ العواصم مكتوبة بخطّ أحمر كبير، لذا كنتُ مطمئنّاً.

لكن، قبل بداية الامتحان تماماً، صرخت باتي فاريل من أوّل الصفّ.

قالت باتي للأستاذ إنّ عليه تغطية خريطة الولايات المتحدة قبل أن نبدأ.

هكذا، وبفضل باتي، رسبت في الامتحان. وسأجدُ طريقة بالتأكيد لجعلها تدفع الثمن.

الخميس

جاءت أمّي الليلة إلى غرفتي حاملة نشرةً إعلانيّة في يدها. ما إن رأيتها، حتّى علمتُ ما هي بالتحديد.

كانت إعلاناً عن تجارب أداء تجريها المدرسة لمسرحية الشتاء. ربّما، كان عليّ رمي هذا الشيء حين رأيته على طاولة المطبخ.

رجوتها ألاّ تجبرني على الاشتراك. فهذه المسرحيات تكون دائماً موسيقية، وآخر ما أحتاج إليه هو الغناء منفرداً أمام المدرسة بأكملها.

لكن يبدو أنّ توسّلاتي زادت أمّي قناعة بضرورة مشاركتي في المسرحية.

قالت أمّي إنّ الطريقة الوحيدة لأكتسب بها الخبرة هي بتجربة عدّة أشياء.

دخل أبي إلى غرفتي لمعرفة ما يجري. فقلتُ له إنّ أمّي تجبرني على الاشتراك في مسرحية المدرسة، وإنّ الذهاب إلى تمارين المسرحية سيفسد برنامج رفع الأثقال الذي أتّبعه.

علمتُ أنّ ذلك سيحثّ أبي على الوقوف في صفّي. تجادل أبي وأمي بضع دقائق، لكنّ أبي لم يكن ندّاً لأمّي.

هذا يعني أنّ لديّ غداً تجربة أداء لمسرحية المدرسة.

الجمعة

سيعرضون هذه السنة مسرحية «ساحر أوز». جاء كثير من الأولاد مرتدين أزياء تناسب الأدوار التي سيقومون بتجربة أداء من أجلها.

أنا لم أشاهد الفيلم حتّى. لذا بالنسبة إليّ، كان الأمر أشبه بدخول معرض للوحوش.

طلبت السيدة نورتون، مدرّسة الموسيقى، من الجميع إنشاد أغنية كي تسمع أصواتنا. قمتُ بتجربة الغناء مع مجموعة من الأولاد الآخرين الذين أجبرتهم أمّهاتهم على المجيء هم أيضاً. حاولتُ الغناء بصوت خافت قدر المستطاع، لكنّها انتقتني على أيّ حال.

ليست لديّ فكرة ما هو «السوبرانو»، لكنّني عرفت من طريقة ضحك بعض الفتيات أنّه لم يكن شيئاً جيّداً.

طالت تجارب الأداء كثيراً. وجاءت الخاتمة العظيمة مع التجارب لدور دوروثي، التي أظنّها بطلة المسرحية.

ومن سيؤدّي التجربة أوّلاً غير باتي فاريل.

فكّرتُ في أداء تجربة لدور الساحرة، لأنّني سمعتُ أنّها تقوم بكثير من الخدع الماكرة ضدّ دوروثي.

ثمّ أخبرني أحدهم أنّه توجد ساحرة طيّبة وأخرى شرّيرة. وبما أنّني أعرف حظّي، فسينتهي بي الأمر بلعب دور الساحرة الطيّبة.

الاثنين

كنت آمل أن تخرجني السيّدة نورتون من المسرحية ببساطة. لكنّها قالت اليوم إنّ كلّ الذين قاموا بتجربة أداء سيحصلون على دور. يا لحظّي السعيد.

جعلتنا السيّدة نورتون نشاهد فيلم «ساحر أوز» لكي نعرف القصة. حاولتُ معرفة الدور الذي يجب أن ألعبه، إلاّ أنّ كلّ الشخصيات كان يتوجّب عليها الغناء أو الرقص في مرحلة من المراحل. لكن في منتصف الفيلم تقريباً، عرفتُ الدور الذي أريده. سأسجّلُ اسمي لتأدية دور شجرة، لأنّه 1) ليس عليها الغناء، 2) ولأنّ الشجرات تضرب دوروثي بالتفاح على رأسها.

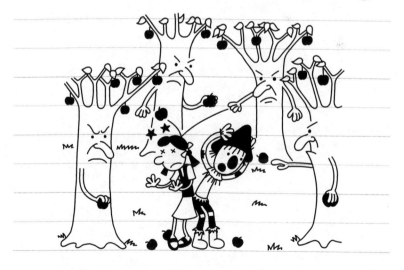

إن استطعتُ رمي باتي فاريل بالتفاح أمام جمهور حيّ، فسيتحقّق حلمي. في الواقع، سيتوجّب عليّ شكر والدتي لأنها أجبرتني على الاشتراك في هذه المسرحية عندما ينتهي كلّ شيء.

بعد أن انتهى الفيلم، سجّلتُ اسمي لدور شجرة. لسوء الحظّ، خطرت الفكرة نفسها لمجموعة من الفتيان الآخرين. لذا، أعتقد أنّ هناك الكثير من الأولاد الذين لديهم مآخذ على باتي فاريل.

الأربعاء

حسناً، كما تقول أمّي دائماً، احترس ممّا تتمناه. تمّ اختياري لأكون شجرة، لكنّني لا أعلم إن كانت فكرة جيدة. ليس لأزياء الشجر ثقوب لليدين، لذا لم يعد رمي التفاح ممكناً.

قد أكون محظوظاً لحصولي على دور ناطق أصلاً. فقد تقدّم كثير من الأولاد إلى تجارب الأداء، ولا توجد أدوار تكفي الجميع. لذا، كان عليهم اختلاق الشخصيات.

تقدّم رودني جايمس لدور رجل التنك، غير أنّه علق بدور الشجيرة.

الجمعة

أتذكُر قولي إنّني محظوظ لحصولي على دور ناطق؟ حسناً، اليوم اكتشفتُ أنّ لديّ سطراً واحداً عبارة عن كلمة في المسرحية كلّها، أقولها حين تقطف دوروثي تفاحة عن غصني.

هذا يعني أنّه يجب عليّ حضور ساعتين من التمرين كلّ يوم لأقول كلمة واحدة تافهة.

بدأتُ أعتقد أنّ رودني حصل على صفقة أفضل كـشجيرة. فقد وجد طريقة لتهريب لعبة فيديو في زيّه، وأنا واثق أنّ هذا يجعل الوقت يمرّ بسرعة.

هكذا، رحت أحاول إيجاد طريقة تجعل السيدة نورتون تطردني من المسرحية. لكن، حين تكون لديك كلمة واحدة لتقولها، يصعب عليك أن تنسى دورك.

كانون الثاني

<u>الخميس</u>

المسرحية بعد يومين فقط، وليست لديّ أدنى فكرة كيف سينجح هذا الشيء.

أوّلاً، لم يزعج أحد نفسه بحفظ دوره، وذلك خطأ السيدة نورتون وحدها.

فخلال التمارين، كانت السيدة نورتون تهمس لكلّ منّا بدوره من جانب المسرح.

أتساءل كيف ستجري الأمور يوم الثلاثاء المقبل، عندما تجلس السيدة نورتون قرب البيانو الذي يبعد ثلاثين قدماً.

الأمر الآخر الذي يفسد الأشياء هو أنّ السيدة نورتون لا تتوقف عن إضافة مشاهد وشخصيات جديدة.

البارحة، أحضرت ولداً من الصفّ الأول ليلعب دور كلب دوروثي، توتو. غير أنّ أمّ الولد جاءت اليوم، وطلبت أن يمشي ابنها على قدميه، لأنّ الحبو على أطرافه الأربعة «مذلّ» جدّاً.

هكذا، أصبح لدينا الآن كلب يمشي على قائمتيه الخلفيتين طوال العرض.

إلاّ أنّ أسوأ تغيير هو أنّ السيدة نورتون كتبت أغنية لننشدها نحن «الأشجار». قالت إنّ كلّ واحد منّا «يستحقّ» أن يغنّي في المسرحية.

هكذا أمضينا اليوم ساعة ونحن نتعلّم أفظع أغنية كُتبَت على الإطلاق.

أشكر الله أنّ رودريك لن يكون بين الحضور ليراني وأنا أذلّ نفسي. قالت السيدة نورتون إنّ المسرحية ستكون «مناسبة شبه رسمية»، وأعرف أنّه من المستحيل أن يضع رودريك ربطة عنق من أجل مسرحية لصفّ متوسّط.

لكن اليوم لم يكن سيّئاً تماماً. ففي نهاية التمارين، تعثّر أرتشي كيلي برودني جايمس وكسر سنّه لأنّه لم يستطع إخراج يديه للتخفيف من أثر السقطة.

إذاً، الخبر الجيد هو أنّهم سيسمحون لنا نحن الأشجار بإحداث ثقوب تسمح لنا بإخراج أيدينا من أجل المسرحية.

الثلاثاء

الليلة سيتمّ عرض المسرحية المدرسية الكبيرة «ساحر أوز». الإشارة الأولى إلى أنّ أمراً سيّئاً سيحدث ظهرت قبل بداية المسرحية.

كنتُ أختلس النظر من وراء الكواليس لأرى عدد الأشخاص الذين أتوا لمشاهدة المسرحية، واحزروا من كان واقفاً أمامي؟ أخي رودريك. كان يضع ربطة عنق مع مشبك.

لا بدّ من أنّه اكتشف أنّني سأغنّي، ولم يستطع مقاومة الفرصة لرؤيتي وأنا أحرج نفسي.

كان من المفترض أن تبدأ المسرحيّة عند الساعة الثامنة، لكنّها تأجّلت لأنّ رودني جايمس أُصيبَ بالخوف من المسرح.

قد تظنّ أنّه باستطاعة شخص ليس عليه سوى الجلوس على خشبة المسرح من دون فعل شيء ضبط نفسه لعرض واحد فقط. إلاّ أنّ رودني لم يتحرّك. وفي النهاية، توجّب على أمّه أن تحمله لينزل.

بدأت المسرحية أخيراً عند الساعة الثامنة والنصف. لم يستطع أحد تذكّر دوره، تماماً كما توقّعتُ، إلاّ أنّ السيدة نورتون حافظت على تقدّم الأحداث بفضل عزفها على البيانو.

أحضر الولد الذي أدّى دور توتو مقعداً وكومة من الكتب المصوّرة إلى المسرح، ممّا أفسد تماماً تأثير «الكلب».

عندما حان وقت مشهد الغابة، قفزت أنا وبقيّة الأشجار إلى مواقعنا. ارتفعت الستائر، وأول ما سمعته كان صوت ماني.

عظيم. استطعتُ إخفاء هذا اللقب لخمس سنوات.
والآن، فجأة، علمت بأمره المدينة بأسرها. شعرتُ
بثلاثمئة عين مصوّبة نحوي.

فلجأتُ إلى ارتجال سريع، واستطعتُ تحويل الإحراج
نحو آرتشي كيلي.

غير أنّ الإحراج الأكبر ما زال في الطريق. ما إن
سمعتُ السيدة نورتون تعزف النغمات الأولى من
«نحن أشجار ثلاث»، حتى شعرتُ بألم في معدتي.

نظرتُ إلى الجمهور ولاحظتُ أنّ رودريك يحمل كاميرا
فيديو.

عرفتُ أنّني إن غنّيتُ الأغنية وسجّلها رودريك، فسيحتفظ بالشريط إلى الأبد وسيستعمله لإذلالي لبقية حياتي.

لم أعرف ما العمل. لذا، عندما حان وقت الغناء أبقيتُ فمي مغلقاً.

نحن أشجار ثلاث
من وادٍ بعيد...

سارت الأمور على ما يرام بضع ثوانٍ. فكّرتُ في أنّني إن لم أغنِّ فعليّاً، فلن يحظَ رودريك بشيء ضدّي. غير أنّه بعد بضع ثوانٍ، لاحظَت الشجرتان الأخريان أنّني لا أغنّي.

لقد ظنّتا على ما يبدو أنّني أعرف شيئاً تجهلانه، فتوقفتا بدورهما عن الغناء.

هكذا، وقفنا نحن الشجرات الثلاث هناك، من دون أنّ نتفوّه بكلمة. ولا بدّ أنّ السيدة نورتون اعتقدت أنّنا نسينا كلمات الأغنية، لأنّها اقتربت من جانب خشبة المسرح وهمست لنا ببقية الكلمات.

كانت مـدّة الأغنية ثلاث دقائق تقريباً، غير أنّها
بدت لي وكأنّها ساعة ونصف. رحت أدعو لكي تنزل
الستائر ونغادر المسرح.

عندها، لاحظتُ باتي فاريل واقفة خلف الكواليس.
ولو كانت النظرات تقتل، لكنّا نحن الشجرات أمواتاً.
إنها تظنّ على الأرجح أنّنا ندمّر فرصها في الوصول
إلى برودواي أو شيء من هذا القبيل.

ذكّرتني رؤيـة باتي واقفة هناك بالسبب الذي
دفعني إلى الاشتراك بدور شجرة منذ البداية.

وسرعان ما بدأت الشجرتان الأخريان برمي التفاح هما أيضاً. وأظنّ أن توتو أيضاً قد شارك في المشهد.

أوقع أحدهم النظارة عن رأس باتي، فانكسرت إحدى عدستيها. بعدها، اضطرّت السيدة نورتون إلى إيقاف عرض المسرحية لأنّ باتي لا ترى شيئاً أمامها من دون نظارتها.

عند انتهاء المسرحية، عادت عائلتي إلى المنزل. كانت أمّي قد أحضرت باقة أزهار معها، وأظنّ أنّها كانت لي. لكنّها رمتها في سلّة المهملات في طريقنا إلى الخارج.

أتمنّى أن يكون الجمهور قد استمتع مثلي.

الأربعاء

في الواقع، ثمّة أمر جيّد واحد تأتّى عن المسرحية، وهو أنّني لن أقلق بعد الآن بسبب لقب «بوبي».

فقد رأيتُ بعض الأولاد يضايقون آرتشي كيلي في الرواق بعد الحصّة الخامسة اليوم. لذا، يبدو أنّه بإمكاني الاسترخاء أخيراً.

الأحد

مع كلّ هذه الأحداث التي تشهدها المدرسة، لم أحظَ بالوقت للتفكير في الميلاد، الذي يصادف أنّه بعد أقلّ من عشرة أيام.

في الحقيقة، الشيء الوحيد الذي ذكّرني بأنّ الميلاد قد اقترب هو لائحة أمنيات رودريك المعلّقة على البرّاد.

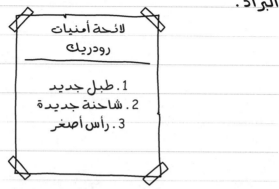

لائحة أمنيات
رودريك

1. طبل جديد
2. شاحنة جديدة
3. رأس أصغر

كلّ عام، أحضّرُ عادة لائحة أمنيات طويلة. لكن، كلّ ما أريده حقّاً هذا العام هو لعبة فيديو اسمها «الساحر الماكر».

كان ماني يتصفّح الليلة مجلّة الميلاد، ويختار الأشياء التي يريدها بقلم حبر أحمر كبير. رسم ماني دائرة حول كلّ الألعاب الموجودة في المجلّة. حتى إنّه رسم دائرة حول ألعاب ثمينة جدّاً، كسيّارات عملاقة مجهّزة بمحرّك وما إلى ذلك.

فقرّرت أن أتدخّل وأعطيه نصيحة أخوية جيّدة.

أخبرتُه أنّه إن اختار أشياء ثمينة جدّاً، فسينتهي به الأمر مع مجموعة من الملابس. وقلتُ له إنّ عليه اختيار ثلاث ألعاب أو أربع متوسّطة الثمن، ليحصل في النهاية على ما يريده فعلاً.

لكن، طبعاً عاد ماني إلى رسم دوائر حول كلّ شيء. لذا، أعتقد أنّه يتحتّم عليه التعلّم من تجاربه.

عندما كنتُ في السابعة، كانت اللعبة الوحيدة التي أردتُها فعلاً هي بيت أحلام باربي. وليس السبب هو أنني كنت أحبُّ ألعاب الفتيات، كما قال رودريك.

فقد ظننتُ أنّه سيشكّل قلعة رائعة لجنودي.

حين رأت أمّي وأبي لائحة أمنياتي تلك السنة، وقع بينهما شجار كبير. قال أبي إنّه لن يشتري لي أبداً بيتاً للدمى، بينما رأت أمّي أنّه من الصحيّ بالنسبة إليّ «تجربة» أيّ نوع أريده من الألعاب.

صدّق أو لا تصدّق، ربح أبي هذا الجدال. فقد طلب منّي أن أعيد كتابة اللائحة، وأن أختار ألعاباً «مناسبة» للفتيان.

غير أنّني أملك سلاحاً سرّياً في الميلاد. فعمّي تشارلي يجلب لي ما أريده دوماً. أخبرته أنّني أريدُ بيت أحلام باربي، ووعد بشرائه لي.

في ليلة الميلاد، عندما قدّم لي العمّ تشارلي هديّتي، لم تكن ما أردته. يبدو أنّه دخل إلى متجر الألعاب، وأخذ أوّل شيء، رأى عليه اسم «باربي».

فإذا رأيت صورة لي أحمل فيها لعبة «بيتش فن باربي»، فأنت على الأقلّ، صرت تعرف القصة كاملة.

لم يكن أبي مسروراً حقّاً لدى رؤيته هديّة العمّ تشارلي. فطلب منّي أن أرميها أو أهبها إلى مؤسسة خيرية.

لكنّني احتفظتُ بها على أيّ حال. وأعترفُ أنّني ربما أخرجتها ولعبتُ بها مرّة أو مرّتين.

هكذا، انتهى بي الأمر في غرفة الطوارئ بعد أسبوعين، وقد علق حذاء باربي الوردي في أنفي. وصدّقني، لم يدعني روديك أنسى تلك الحادثة قطّ.

الخميس

الليلة، ذهبتُ مع أمّي لشراء هدية لشجرة العطاء. شجرة العطاء هي مبدئياً كفاعل الخير السرّي، إذ تعطي شخصاً محتاجاً هديّة.

اختارت أمّي سترة صوفية حمراء لمحتاج شجرة العطاء المخصّص لنا.

حاولتُ إقناع أمّي بشراء شيء أكثر روعة، كتلفاز، أو آلة لصنع الثلج الناعم، أو شيء من هذا القبيل.

تخيّل أنّك لم تتلقَّ في الميلاد إلاّ سترة صوفية .

أنا متأكّد من أنّ محتاج شجرة العطاء سيرمي سترته في سلّة المهملات، بالإضافة إلى علب البطاطا الحلوة العشر التي أرسلناها إليه في مناسبة الشكر .

الميلاد

حين استيقظتُ هذا الصباح ونزلتُ إلى الطابق السفلي، رأيت نحو مليون لعبة تحت الشجرة . ولكن، عندما بدأتُ بالبحث، بالكاد وجدتُ هدايا تحمل اسمي .

أمّا ماني، فلقد نجح كاللص. فلقد حصل على كلّ لعبة وضع دائرة حولها في المجلّة، بلا مبالغة. أنا واثق أنّه سعيد لأنّه لم يصغِ إليّ.

وجدتُ بالفعل بعض الأغراض التي تحمل اسمي، لكنّها كانت بمعظمها كتباً، وجوارب، وما إلى ذلك.

فتحت هداياي في الزاوية وراء الأريكة، لأنّني لا أحبُّ فتح الهدايا قرب أبي. فما إن يفتح أحدنا هديته، حتى ينقضّ أبي عليه لينظّف وراءه.

أهديتُ ماني لعبة هليكوبتر، وأهديت رودريك كتاباً عن فِرَق الروك. أهداني رودريك أيضاً كتاباً، لكنّه بالطبع لم يغلّفه. اسم الكتاب الذي جلبه لي «أفضل أعمال ليل كيوتي».

«ليل كيوتي» هو أسوأ رسم هزلي في الجريدة، ورودريك يعرف كم أكرهه. أظنّ أنّها السنة الرابعة على التوالي التي يهديني فيها كتاب «ليل كيوتي».

أعطيتُ أمّي وأبي هداياهما. أجلب لهما كلّ سنة هدايا من النوع نفسه، إلاّ أنّ الأهل يعشقون هذه الأشياء.

بدأ سائر الأقارب بالحضور عند الساعة الحادية عشرة، ووصل العمّ تشارلي عند الظهيرة.

أحضر العم تشارلي كيس نفايات كبيراً مليئاً بالهدايا، وسحب هديتي من أعلى الكيس.

كان حجم الرزمة وشكلها مناسبين تماماً لتكون لعبة «الساحر الماكر»، فعلمتُ أنّ العمّ تشارلي لبّى طلبي. حضّرَت أمّي الكاميرا وفتحتُ هديّتي.

غير أنّها لم تكن سوى صورة بقياس 8×10 للعمّ تشارلي .

يبدو أنّني لم أُخفِ خيبة أملي جيّداً، فثار غضب أمّي . كلّ ما أستطيع قوله هو أنّني ممتنّ لكوني ما زلت طفلاً . فلو كان عليّ أن أتصنّع الفرح لدى حصولي على الهدايا التي يتلقّاها الكبار، لما نجحت في ذلك على ما أعتقد .

صعدتُ إلى غرفتي لأرتاح قليلاً. بعد دقيقتين، دقّ أبي الباب، وأخبرني أنّ هديته لي موجودة في المرأب، وسبب ذلك أنها أكبر من أن تُلَفّ.

وعندما نزلتُ إلى المرأب، وجدتُ مجموعة جديدة لرفع الأثقال.

لا بدّ من أنّ هذا الشيء كلّف ثروة. لم أجد الشجاعة لأخبر والدي أنّني فقدتُ الاهتمام نوعاً ما بموضوع رفع الأثقال برمّته عندما انتهَت حصّة المصارعة في الأسبوع الفائت. فاكتفيت بشكره عوضاً عن ذلك.

أظنّ أنّ أبي توقّع منّي أن أتمدّد مباشرة وأبدأ بالتمارين، أو شيئاً من هذا القبيل. غير أنّني اعتذرتُ وعدتُ إلى الداخل.

قرابة الساعة السادسة، انصرف جميع الأقارب.

جلستُ على الأريكة وأنا أشاهدُ ماني وهو يلعب بألعابه، وأشعر بالأسى الشديد على نفسي. حينذاك، جاءت أمّي إليّ وقالت لي إنّها وجدَت هديّة تحمل اسمي خلف البيانو.

كانت العلبة أكبر بكثير من أن تكون لعبة «الساحر الماكر»، بيد أنّ أمّي استعملَت معي خدعة العلبة الكبيرة نفسها في السنة الماضية عندما أهدتني بطاقة ذاكرة لجهاز ألعاب الفيديو.

مزّقتُ الغلاف، وسحبتُ هديتي. إلاّ أنّها لم تكن لعبة «الساحر الماكر» هي الأخرى. كانت سترة صوفية حمراء عملاقة.

في البداية، ظننتُ أنّ أمّي تمزح معي، لأنّ هذه السترة تشبه تماماً تلك التي اشتريناها لمحتاج شجرة العطاء.

غير أنّ أمّي بدت بدورها مرتبكة جدّاً. قالت إنّها اشترت لي فعلاً لعبة فيديو، وليست لديها فكرة عمّا تفعله السترة الصوفية في علبتي.

عندها عرفتُ ما حدث. أخبرتُ أمّي أنّه لا بدّ من حصول خطأ، وأنّني حصلتُ على هدية محتاج شجرة العطاء، فيما حصل هو على هديّتي.

قالت أمّي إنّها استعملت نوع الورق نفسه لتغليف الهديّتين. لذا يبدو أنّها أخطأت في كتابة الأسماء على البطاقات.

لكن، بعدئذٍ قالت إنّ هذا شيء جيد حقّاً، لأنّ رجل شجرة العطاء سيفرح كثيراً - على الأرجح - بحصوله على هدية رائعة كهذه.

لعب القدر لعبته إنّه الميلاد!

اضطررتُ إلى الشرح لها أنّه بحاجة إلى جهاز ألعاب وتلفاز ليلعب لعبة «الساحر الماكر». لذا، ستكون اللعبة عديمة الفائدة بالنسبة إليه.

بالرغم من أنّ الميلاد لم يكن عظيماً بالنسبة إليّ هذا العام، لكنّني واثق أنّه أسوأ بكثير بالنسبة إلى محتاج «شجرة العطاء».

استسلمت نوعاً ما، وتوجّهت إلى منزل راولي.

نسيتُ شراء هدية لراولي، فأضفت عقدة إلى كتاب «ليل كيوتي» الذي أهداني إياه رودريك.

ويبدو أنّ ذلك كان كافياً.

يملك أهل راولي الكثير من المال. لذا، أستطيع دوماً الاعتماد عليهم للحصول على هدية جميلة.

ولكن، قال لي راولي إنّه اختار هديتي بنفسه هذه السنة. ثمّ قادني إلى الخارج ليريني إيّاها.

نظراً إلى الطريقة التي وصف بها راولي هديته، ظننت أنّه اشترى لي تلفازاً ذا شاشة كبيرة، أو دراجة نارية، أو شيئاً من هذا القبيل.

ولكن، مرّة أخرى، بنيت آمالاً عريضة .

اشترى لي راولي دراجة كبيرة . أظنُّ أنّني كنت سأفرح بالهديّة لو أنّني ما زلت في الصفّ الثالث . أمّا الآن، فلا أدري ما يُفترض بي أن أفعله بها.

كان راولي متحمّساً جدّاً. فبذلت جهدي لأبدوَ فرحاً.

ياه، شكراً!

عدنا إلى الداخل، وأراني راولي غنائم العيد .

من المؤكّد أنّه حصل على هدايا أكثر منّي بكثير. حتى إنّه حصل على لعبة «الساحر الماكر». على الأقلّ، أستطيع اللعب بها حين أزوره. هذا إلى أن يكتشف والده كم هي عنيفة.

وأؤكّد لك أنّه لم تسبق لك رؤية أحد سعيد مثلما كان راولي سعيداً لحصوله على كتاب «ليل كيوتي». قالت أمّه إنّه كان الشيء الوحيد على قائمته الذي لم يحصل عليه.

حسناً، أنا فرح لأنّ هناك من حصل على ما يريده اليوم.

ليلة رأس السنة

في حال كنتَ تتساءل عمّا أفعله في غرفتي ليلة رأس السنة عند الساعة التاسعة، دعني أطلعك على ما جرى.

في وقت سابق اليوم، كنتُ ألعب مع ماني في القبو. وجدتُ كرة صغيرة من الخيوط السوداء على السجّادة، وأخبرتُ ماني أنّها عنكبوت.

ثمّ حملتُها فوقه مدّعياً أنّني سأجعله يأكلها.

وفي اللحظة التي كنتُ سأفلتُ ماني بها، صفع يدي وأوقع منها كرة الخيوط. واحزر ما حدث؟ ابتلعها ذلك المغفل.

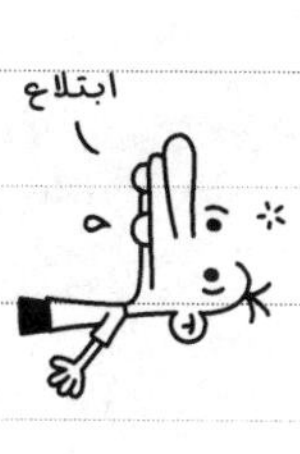

حسناً، فقد ماني عقله تماماً. ركض إلى الطابق العلوي حيث كانت أمّي، فأدركت أنّني في ورطة.

أخبر ماني أمّي أنّني أجبرته على أكل عنكبوت. قلتُ لها إنّه ما من عنكبوت، وإنّها كانت مجرّد كرة صغيرة من الخيوط.

بكاء

أخذت أمّي ماني إلى طاولة المطبخ. بعد ذلك، وضعت في طبق حبّة بزر، وحبّة زبيب، وحبّة عنب، وطلبت من ماني أن يدلّها على الشيء الأقرب حجماً إلى الخيط الذي ابتلعه.

تفحّص ماني محتويات الطبق قليلاً.

ثمّ توجّه إلى البراد وأخرج برتقالة.

لهذا السبب، تمّ إرسالي إلى السرير عند الساعة السابعة، ولم أبقَ في الأسفل لأشاهد العرض الخاصّ بسهرة رأس السنة على شاشة التلفاز.

ولهذا السبب أيضاً، كان قراري الوحيد للعام الجديد هو عدم اللعب مع ماني مجدّداً.

كانون الثاني

الأربعاء

وجدتُ طريقة للاستمتاع بالدراجة الكبيرة التي أهداني إياها راولي في الميلاد. فقد اخترعتُ لعبة تقوم على أن ينزل أحدنا التلّة بالدراجة، بينما يحاول الآخر إسقاطه باستعمال كرة قدم.

كان راولي الأوّل في نزول التلّة، وكنتُ أنا الرامي.

كانت إصابة هدف متحرّك أصعب بكثير ممّا ظننت. بالإضافة إلى ذلك، لم أحصل على التمرين الكافي. تطلّب الأمر من راولي نحو عشر دقائق للصعود بالدراجة الكبيرة بعد كلّ رحلة إلى الأسفل.

ظلّ راولي يطالب بأن نتبادل الأدوار وأقود أنا الدراجة الكبيرة، لكنّني لستُ غبياً. فقد قاربت سرعة هذا الشيء خمسة وثلاثين ميلاً في الساعة، وليس له فرامل.

على أيّ حال، لم أُسقط راولي قطّ عن الدراجة الكبيرة اليوم. لكن، أظنّ أنّ لدي ما أعمل عليه خلال بقيّة عطلة الميلاد.

الخميس

كنتُ متوجهاً إلى منزل راولي لنلعب بالدراجة الكبيرة مرّة أخرى اليوم، لكنّ أمّي قالت إنّه يجب عليّ إنهاء رسائل الشكر قبل الخروج إلى أيّ مكان.

ظننتُ أنّه بإمكاني خربشة بطاقات الشكر في نصف ساعة. ولكن، عندما جلست لكتابتها، أصبح عقلي فارغاً.

دعني أخبرُك أنّه ليس من السهل كتابة رسائل شكر على هدايا لم تكن تريدها أصلاً.

بدأتُ بالأغراض التي لم تكن ملابس، لأنّني اعتقدتُ أن المهمّة ستكون أسهل. ولكن، بعد بطاقتين أو ثلاث، أدركت أنّني أكتبُ في الواقع الشيء نفسه في كلّ مرّة.

فكتبتُ على الحاسوب استمارة عامّة مع ترك فراغات مكان الكلمات التي تحتاج إلى تغيير. بعد ذلك، أصبحت كتابة البطاقات سهلة جدّاً.

عزيزتي العمّة ليديا،
شكراً على الموسوعة الرائعة!
كيف عرفت أنّني كنت أريدها؟

أعجبني شكل الموسوعة على رفّ مكتبتي!

سيشعر أصدقائي بالغيرة لأنّني أملك
موسوعة خاصّة بي.

شكراً لأنّك جعلت هذا الميلاد الأفضل على الإطلاق!
المخلص، غريغ

نجحَت طريقتي جيّداً مع أوّل هديّتين، لكنّها لم تناسب سائر الهدايا كثيراً.

عزيزتي الخالة لوريتا،
شكراً على البنطال الرائع!
كيف عرفت أنّني كنت أريده؟

أعجبني شكل البنطال على ساقَي!

سيشعر أصدقائي بالغيرة لأنّني أملك
بنطالاً خاصّاً بي.

شكراً لأنّك جعلت هذا الميلاد الأفضل على الإطلاق!
المخلص، غريغ

الجمعة

أخيراً، أوقعتُ راولي عن الدراجة الكبيرة اليوم، غير أنّ الأمر لم يحصل كما توقّعتُ. كنتُ أحاول أن أصيبه في كتفه، لكنّني أخطأتُ ووقعَت الكرة تحت العجلة الأمامية.

سقوط عن الدراجة

حاول راولي أن يخفّف من قوّة الصدمة بمدّ ذراعيه إلى الأمام، إلاّ أنّه سقط بقوة على يده اليسرى. ظننتُ أنّه سيتجاوز الأمر ويعود بسرعة إلى الدراجة، غير أنّه لم يفعل.

حاولتُ أن أخفّفَ عنه، لكنّ كلّ النكات التي تضحكه عادة لم تنفع.

فأدركت أنّه تأذّى بشدّة.

الاثنين

انتهت عطلة الميلاد وعدنا إلى المدرسة. هل تتذكّر حادثة راولي على الدراجة الكبيرة؟ في الحقيقة، لقد كسر يده وكان مضطرّاً إلى وضع جبيرة. واليوم تجمّع الكلّ حوله وكأنّه بطل.

حاولت الاستفادة من شعبية راولي المستجدّة، لكنّ الأمر انقلب ضدّي.

على الغداء، دعت مجموعة من الفتيات راولي إلى مائدتهنّ لإطعامه.

ما يغيظني هو أن راولي أيمن ويده اليسرى هي التي كُسرت. إذاً، بإمكانه الأكل بمفرده بسهولة.

الثلاثاء

أيقنتُ أن إصابة راولي أسلوب احتيالي جيّد. لذا، وجدت أنّ الوقت قد حان لأحصل على إصابة خاصّة بي.

أخذتُ بعض الشاش من المنزل ولففتُ يدي لجَعلِها تبدو مُصابة.

إنّها إصابة مؤلمة
سبّبها جرح
ترك بلا علاج!

لم أفهم لماذا لم تتحلّق الفتيات حولي كما فعلن مع راولي، ثمّ اكتشفتُ لاحقاً سبب المُشكلة.

كما ترى، الجبيرة هي وسيلة تحايل عظيمة لأنّ الجميع يريد توقيع اسمه عليها. أمّا التوقيع بالقلم على الشاش فليس بهذه السهولة.

هنا خطرت لي فكرة ظننت أنّها ستحلّ المشكلة.

مُنيَت تلك الفكرة أيضاً بفشل ذريع. جذبَت ضمادتي في النهاية انتباه عددٍ من الأشخاص. لكن، صدّقني، ليسوا من النوع الذي كنتُ أريده.

الاثنين

في الأسبوع الفائت، بدأنا الفصل الثالث في المدرسة. لذا، أصبحت لدي الآن مجموعة كاملة من المواد الجديدة. كانت إحدى تلك الموادّ التي تسجّلتُ فيها تدعى «الدراسة المُستقلّة».

رغبت في أن أتسجّل في مادّة الاقتصاد المنزلي 2، لأنّني كُنت بارعاً جدّاً في الاقتصاد المنزلي 1.

لكنّ البراعة في الخياطة لا تضاعف شعبيّتك في المدرسة.

على أيّ حال، مادّة الدراسة المستقلّة تلك تجربة يقومون بها في مدرستنا للمرّة الأولى.

تتلخّص فكرتها في إعطاء الصفّ مشروعاً. ثمّ تعمل عليه مع الطلّاب الآخرين من دون وجود أستاذ في الصفّ، طوال الفصل.

الفخّ هو أنّك عندما تنتهي، ينال كلّ أعضاء المجموعة العلامة نفسها. اكتشفتُ أنّ ريكي فيشر في صفّي، وهذا قد يسبّب مشكلة كبيرة.

كان ريكي مشهوراً بقدرته على انتزاع العلكة من أسفل المنضدة ومضغها إذا دفعتَ له خمسين سنتاً. لذا، لا أعلّقُ آمالاً كبيرة على علامتنا النهائية.

الثلاثاء

اليوم أخذنا مشروع الدراسة المُستقلّة، واحزر ما هو؟ علينا بناء رجل آلي.

في البداية، ذُعر الجميع نوعاً ما. فقد ظننّا أنّه علينا أن نبني رجلاً آلياً من العدم.

لكنّ السيّد دارنيل أخبرنا أنّه ليس علينا بناء رجل آلي حقيقي، وإنّما إعطاء أفكار عن شكله وعن الأشياء التي يمكنه القيام بها.

بعدها غادر الغرفة، وتركنا بمفردنا. بدأنا على الفور بتبادل الأفكار، وكتبتُ مجموعة منها على اللوح.

انبهر الجميع بأفكاري، غير أنّه كان من السهل عليّ إيجادها. كلّ ما فعلتُه هو كتابة الأشياء التي لا أُحب القيام بها.

ولكن، تقدّمت فتاتان إلى أوّل الصفّ، وكانت لديهما بعض الأفكار الخاصّة بهما. فقامتا بمحو قائمتي ورسمتا مخطّطهما الخاصّ.

أرادتا اختراع رجل آلي يُعطي نصائح للمواعدة، ويملك عشرة أنواع من أحمر الشفاه على أنامله.

رأينا جميعنا نحن الفتيات أنّها أغبى فكرة سمعنا بها على الإطلاق. وانتهى بنا المطاف بالانقسام إلى مجموعتين، ذكور وإناث. ذهب الصبيان إلى الناحية الأخرى من الغرفة، بينما وقفت الفتيات يتحدّثن.

الآن، وقد أصبح كلّ العمّال الجادّين في مكان واحد، بدأنا بالعمل. اقترح أحدهم إمكانية أن تقول اسمك للرجل الآلي فيردّده وراءك.

مرحباً بوب
أنا سعيد بلقائك
بوب.

مرحبا بوب

ثمّ أشار آخر إلى أنّه لا يجب استعمال كلمات بذيئة بدلاً من اسمك، لأنّ الرجل الآلي يمكن أن يكون قادراً على التفوّه بالشتائم. فقرّرنا أن نضع قائمة بكلّ الكلمات البذيئة التي لا يجب على الرجل الآلي التفوّه بها.

فكّرنا في كلّ الكلمات البذيئة العاديّة، غير أنّ ريكي فيشر أتحفنا بعشرين كلمة إضافيّة لم يسمع بها حتى أحد منّا من قبل.

هكذا أصبح ريكي أحد أهمّ المساهمين في هذا المشروع.

قبل قرع الجرس مباشرة، عاد السيّد دارنيل إلى الغرفة ليتفقّد تقدّمنا. فأخذ الورقة التي كتبنا عليها وقرأها.

باختصار، أُلغيت مادّة الدراسة المستقلّة لباقي العام.

حسناً، على الأقلّ بالنسبة إلينا نحن الصبيان. لذا، إن رأيت في المستقبل رجالاً آليّين أصابعهم على شكل أقلام أحمر شفاه كرزية اللون، فبإمكانك أن تعرف الآن على الأقلّ من أين أتت الفكرة.

الخميس

عُقدت جمعية عامّة اليوم في المدرسة، وعُرِض فيلم «عظيم أن أكون كما أنا» الذي يعرضونه علينا كلّ عام.

يحكي الفيلم أنّه على المرء أن يكون راضياً بما هو عليه وأن لا يسعى إلى تغيير شيء في نفسه.

بصراحة، أظنّ أنّه من الغباء، فعلاً إيصال رسالة كهذه إلى الأولاد، لاسيّما من هم في مدرستي .

بعد ذلك، أعلنوا أنّ هناك أماكن شاغرة في دوريّة السلامة، وهذا ما دفعني إلى التفكير .

إذا ضايق أحدهم عضواً في دوريّة السلامة، فقد يتعرّض إلى الطرد . وفي هذه الحالة، أنا بحاجة لأيّ حماية إضافية يمكنني تأمينها .

ناهيك عن أنّ وجودي في موقع سلطة قد يكون مفيداً لي .

ذهبت إلى مكتب السيّد وينسكي وسجّلتُ اسمي.
كما جعلتُ راولي يُسجّل اسمه هو أيضاً. ظننتُ أنّ
السيد وينسكي سيطلب منّا القيام ببعض الحركات
الرياضية والوثبات الصعبة لإثبات أهليّتنا للوظيفة،
إلاّ أنّه سلّمنا أحزمتنا وشاراتنا في الحال.

قال السيد وينسكي إنّ الأماكن الشاغرة كانت لمهمّة خاصّة. تقع مدرستنا بجانب المدرسة الابتدائية مباشرة، ولديهم صفّ حضانة بنصف دوام.

كان يُريد منّا أن نُرافق أطفال الصفّ الصباحيّ إلى منازلهم في منتصف النهار. أدركتُ أنّ ذلك يعني أنّه ستفوتنا عشرون دقيقة من صفّ علم الجبر. لا بدّ من أنّ راولي أدرك ذلك هو الآخر، لأنّه بدأ بالكلام. لكنّني قرصتُهُ بشدّة من تحت الطاولة قبل أن يتمّ جملته.

ولكنّنا سنفوّت ا|||||ي!

شعرت بفرحة عارمة. فقد حصلتُ على حماية فورية من المضايقات، وعلى إذن مجّانيّ للتغيّب عن نصف حصّة علم الجبر. كلّ هذا من دون أن أحرّك ساكناً.

159

الثلاثاء

هذا هو يومنا الأول كدورية السّلامة. لم يكن لدينا أنا وراولي محطّة كباقي أفراد الدوريّة. وبالتالي، لم نكن مضطرّين إلى الوقوف في البرد القارس مدة ساعة قبل المدرسة.

لكنّ ذلك لم يمنعنا من القدوم إلى الكافيتيريا لتناول الشوكولاتة الساخنة التي يُقدّمونها إلى دوريّة السلامة صباحاً.

ثمّة امتياز عظيم آخر، إذ يمكنك التأخّر عشر دقائق عن الحصّة الأولى.

أؤكّد لك، أنا مرتاح تماماً في العمل مع دوريّة السلامة تلك.

عند الساعة 12:15، تركنا أنا وراولي المدرسة واصطحبنا أطفال الحضانة إلى منازلهم. استغرقت الرحلة خمساً وأربعين دقيقة. وعندما رجعنا، كان قد بقي من حصّة علم الجبر عشرون دقيقة فقط.

لم يكن اصطحاب الأطفال إلى منازلهم مُتعباً على الإطلاق. لكنّ رائحة غريبة بدأت تفوح من أحد أطفال الحضانة، وأظنّ أنّ أمراً حدث في سرواله.

حاول إعلامي بذلك ولكنّني نظرتُ أمامي مباشرة وتابعتُ المسير. سأصطحب هؤلاء الأطفال إلى المنزل، ولكن صدّقني، أنا لم أتسجّل في خدمة تغيير الحفاضات.

شباط

الأربعاء

اليوم، تساقط الثلج للمرّة الأولى هذا الشتاء، فأغلقت المدرسة أبوابها. كان يُفترض بنا تقديم امتحان في علم الجبر، وكُنتُ قد أهملتُ المادّة نوعاً ما منذ أن التحقتُ بدوريّة السلامة. لذا كُنتُ خائفاً.

اتّصلتُ براولي وطلبتُ منه القدوم. مضت سنتان ونحن نتحدّث - أنا وراولي - عن بناء أكبر رجل ثلج في العالم.

وعندما أقول أكبر رجل ثلج في العالم، فأنا لستُ أمزح. هدفنا هو دخول «كتاب غينيس للأرقام القياسية».

فلاش

غير أنّنا كلّما قرّرنا العمل جدّياً على تحطيم الرقم القياسي، يذوب الثلج، وتضيع منّا الفرصة. لذا قرّرت هذه السنة البدء على الفور.

عندما جاء راولي، بدأنا ندحرج كرة الثلج الأولى لصنع القاعدة. تصوّرتُ أنّه يجب على القاعدة وحدها أن تكون بارتفاع ثماني أقدام على الأقلّ، إذا أردنا الحصول على فرصة لتحطيم الرقم القياسي. لكنّ كرة الثلج أصبحت ثقيلة جدّاً. فاضطررنا إلى أخذ عدّة استراحات خلال عمليّة الدحرجة لكي نلتقط أنفاسنا.

خلال إحدى استراحاتنا، خرجت أُمّي للذهاب إلى البقّال، وكانت كرة الثلج تحتجز سيارتها في الداخل. وهكذا، حصلنا منها على مساعدة مجانية.

بعد الاستراحة، دفعت وراولي كرة الثلج إلى أن عجزنا عن دفعها أكثر. لكن، عندما نظرنا وراءنا، شاهدنا الفوضى التي خلّفناها.

أصبحت كرة الثلج ثقيلة جدّاً، فاقتلعت كلّ العشب الذي زرعه والدي هذا الخريف.

تمنّيتُ أن تتساقط الثلوج بضعة إنشاتٍ إضافية لتُغطّي آثارنا، لكن الثلج توقّف عن التساقط فجأة.

بدأ مخططنا لبناء أكبر رجل ثلج بالتلاشي. فخطرت لي فكرة أفضل لكرة الثلج.

كلّما أثلجت، يستعمل أولاد شارع ويرلي تلّتنا للتزلّج، مع أنّهم ليسوا من حيّنا.

لذلك عندما يأتي أولاد شارع ويرلي غداً صباحاً للتزلّج على تلّتنا، سنلقّنهم أنا وراولي درساً لن ينسَوه.

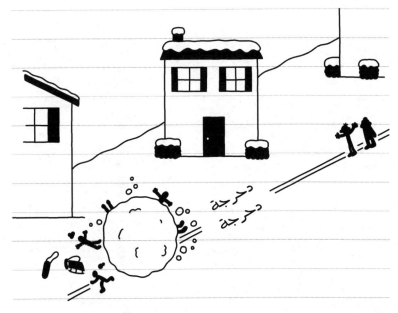

الخميس

عندما استيقظتُ في الصباح، كان الثلج قد بدأ بالذوبان. فطلبتُ من راولي الإسراع بالمجيء إلى منزلي.

وبينما كنتُ أنتظرُ راولي، راقبتُ ماني وهو يُحاول بناء رجل ثلج من البقايا الضئيلة التي خلّفتها كرتنا.

في الواقع، كان الأمر مثيراً للشفقة.

لم أستطع تمالك نفسي، فكان ما كان. لسوء حظّي،
وقف أبي في ذلك الوقت بالتحديد أمام النافذة.

كان والدي غاضباً منّي على أيّ حال بسبب اقتلاع العشب، فأدركت أنّني في ورطة. سمعتُ باب المرأب يُفتح ورأيتُ والدي يخرج منه. تقدّم مباشرة حاملاً رفش الثلج، ففكّرت في أن أفرّ هارباً.

لكنّ والدي توجّه نحو كرة الثلج، وليس نحوي. وفي أقلّ من دقيقة، ضاع كلّ عملنا الشاقّ سدى.

وصل راولي بعد عدّة دقائق. ظننتُ في الواقع أنّه قد يجد ما حدث مسليّاً.

لكن يبدو أنّه كان قد عقد النيّة على دحرجة كرة الثلج إلى أسفل التلّة، فجنّ جنونه. هل تصدّق؟ كان راولي غاضباً منّي بسبب فعلة أبي.

قلتُ لراولي إنّه يتصرّف كالأطفال، ورحنا نتعارك. وعندما بدونا وكأنّنا سنخوض معركة شاملة، وقعنا ضحيّة كمين من الشارع.

كانت غارة خاطفة نفّذها أولاد شارع ويرلي.

ولو أنّ السيدة ليفاين، مدرّسة اللغة الإنكليزية،
كانت هناك، لقالت بالتأكيد إنّ الوضع برمّته
«مدعاة للسخرية».

الأربعاء

أعلنوا اليوم في المدرسة عن وظيفة شاغرة لرسّام
كاريكاتير في جريدة المدرسة. كان في الجريدة
زاوية فُكاهية واحدة، وحتى الآن استأثر بها ذاك
الولد الذي يُدعى برايان ليتل.

أطلق برايان على هذه الرسوم الهزلية اسم «الكلب المضحك». وفي البداية، كانت بالفعل مضحكة جدّاً.

غير أنّ برايان بات يستعمل رسومهُ في الآونة الأخيرة لمعالجة أعماله الخاصّة. أظنّ أنّه طُرِد لهذا السبب.

الكلب المضحك براين ليتل

حالما سمعتُ الخبر، علمتُ أنّ عليّ التقدّم للوظيفة. فبفضل «الكلب المضحك»، ذاع صيت برايان ليتل في مدرستنا. وأردتُ الحصول على هذا النوع من الشهرة.

عرفتُ طعم الشهرة في مدرستي عندما فُزتُ بتنويهٍ مُشرّف في مسابقة حظر التدخين التي أقاموها.

كلّ ما فعلته هو رسم صورة من إحدى مجلات رودريك الخاصّة بالموسيقى الصاخبة. ولكن، لحسن الحظ، لم يكتشف أحد ذلك.

أمّا الولد الذي فاز بالمرتبة الأولى، فكان كريس كارني. وما يغضبني هو أنّ كريس يُدخّن على الأقلّ علبة سجائر يوميّاً.

الخميس

قررت أنا وراولي أن نُشكّل فريقاً ونرسم الكاريكاتير معاً. لذا جاء إلى منزلي بعد المدرسة، وبدأنا بالعمل.

رسمنا مجموعة من الشخصيّات بسرعة كبيرة. ولكن، اتّضح أنّ ذلك الجزء هو الأسهل. فعندما حاولنا التفكير في بعض النكات، اصطدمنا نوعاً ما بالحائط.

خرجتُ أخيراً بحلٍّ جيّد.

اخترعتُ رسماً تكون فيه النكتة داخل كلّ مربّع هي «زُو - وِي ماما!»

بهذه الطريقة لن نُزعج نفسينا بكتابة نكات فعلية، ويمكننا التركيز على الصور.

في الرسوم الأولى، كتبتُ الكلمات ورسمتُ الشخصيّات، وقام راولي برسم المربعات حول الصور.

بدأ راولي يتذمّر من أنّه ليس لديه الكثير لفعله، فتركتُهُ يكتب قليلاً.

لكن، بصراحة، حدث هبوط كبير وواضح في جودة النصّ عندما بدأ راولي بالكتابة.

أخيراً سئمتُ من فكرة زُو - وِي ماما وتركتُ المهمة بأكملها لراولي.

صدّق أو لا تصدّق، كانت مهارات الرسم لدى راولي أسوأ من مهارات الكتابة.

قلتُ لراولي إنّ علينا ربما ابتكار بعض الأفكار الجديدة، ولكنّه أراد الاستمرار في كتابة قصص «زُو - وِي ماما». بعد ذلك جمع رسومه وذهب إلى المنزل، وقد سرّني ذلك. على أي حال، لا أريد أن أشترك مع ولدٍ لا يرسم أنوفاً.

الجمعة

بعد مغادرة راولي البارحة، عملتُ بجدّية على بعض الرسوم الهزلية. وخرجتُ بتلك الشخصية المسمّاة كرينتون المخبول، ثمّ كرّت السبحة.

كرينتون المخبول   تأليف: غريغ هافلي

لا بدّ من أنّني رسمتُ عشرين مجموعة،من دون أن أبذل أيّ مجهود.

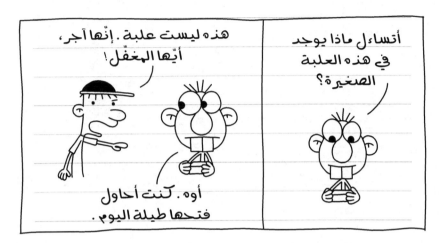

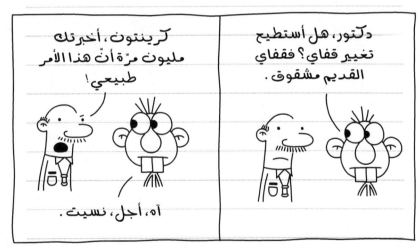

الشيء العظيم في رسوم كرينتون المخبول، هو أنّه بوجود كلّ هؤلاء المغفّلين الذين تحفل بهم مدرستي، لن تنفد منّي الأفكار الجديدة أبداً.

عندما وصلتُ إلى المدرسة اليوم، أخذتُ رسومي الهزلية إلى مكتب السيّد جون؛ الأستاذ المسؤول عن جريدة المدرسة.

لكن، عندما دخلت لتسليم رسومي، شاهدتُ كومة من الرسوم الهزلية لأولاد آخرين يسعون إلى الحصول على الوظيفة.

كان معظمها سيّئاً، لذا لم أقلق كثيراً من المنافسة.

كان أحد الرسوم الهزلية يحمل عنوان «المدرّسون الحمقى». وقد كتبها ولد يُدعى بيل تريت.

كان بيل في الحجز على الدوام. لذا أعتقد أنّه يسعى إلى الانتقام من جميع أساتذة المدرسة، بمن فيهم السيد جون.

بالتالي، لم أخشَ أيضاً من منافسة رسوم بيل.

في الواقع، كانت هناك مجموعة أو مجموعتان من الرسوم الهزلية اللائقة في الصندوق. ولكنّني دسستُها تحت رزمة من أوراق العمل على مكتب السيد جون.

آمل ألاّ تظهر هذه الأوراق حتى أُصبح في المدرسة الثانوية.

الخميس

حصلتُ اليوم، خلال الإعلانات الصباحية، على الأخبار التي كُنتُ أتمنّاها.

صدرت الجريدة اليوم في فرصة الغداء، وكان الجميع يقرأها.

أردتُ حقّاً أن ألتقط نسخة لكي أرى اسمي مطبوعاً، غير أنّني قررتُ التظاهر بعدم الاكتراث لبعض الوقت.

جلستُ عند نهاية طاولة الغداء لترك متّسع للمعجبين الجدد الذين سيبدأون بالتوافد للحصول على توقيعي. غير أنّ أحداً لم يأتِ لإخباري عن مدى إعجابه برسومي. فبدأت أشعر بوجود خطب ما.

اختطفتُ جريدة وذهبتُ إلى الحمّام لتفحّصها. وعندما رأيتُ رسومي الهزلية، كدت أصاب بنوبة قلبية.

أخبرني السيد جون أنّه سيقوم ببعض «التصحيحات البسيطة» لرسومي. وظننتُ أنّه سيصحّح بعض أخطاء التهجئة وما إلى ذلك. غير أنّه نفّذ مجزرة فعليّة.

ناهيك عن أنّ الرسم الهزلي الذي دمّره كان أحد رسومي المفضّلة. في الرسم الأصليّ، يُجري كرينتون المخبول اختباراً في الرياضيات، ويأكله عن غير قصد. وعندها، يصرخ فيه المُدرّس لكونه مغفّلاً إلى هذا الحدّ.

ولكن، بعد أن أنهى السيد جون عمله، لم تعد تربطه أيّ علاقة بالرسم الأصلي.

كرينتون الطالب الغريب بقلم غريغوري هيفلي

أستاذ، إن كانت x + 43 = 89،
إذاً، كم تساوي x؟
كرينتون، x تساوي 46
شكراً. أيّها الأولاد، إن كنتم تريدون معرفة المزيد عن الرياضيات، زوروا الأستاذ همفري خلال ساعات الدوام.
أو زوروا المكتبة وتفقّدوا قسم الرياضيّات الذي تمّ توسيعه حديثاً

لذا، أنا واثق أنّه لن يُطلب منّي أيّ توقيع في وقت قريب.

آذار

الأربعاء

كنّا نستمتع أنا وراولي بالشوكولاتة الساخنة في الكافيتيريا مع سائر عناصر الدوريّة اليوم عندما سمعنا إعلاناً يذاع عبر مُكبّر الصوت.

ذهب راولي إلى مكتب السيّد وينسكي، وعندما عاد بعد خمس عشرة دقيقة، بدا مصدوماً جدّاً.

يبدو أنّ السيّد وينسكي تلقّى اتّصالاً من أحد الأهالي الذي قال إنّه شاهد راولي «يُرعب» أطفال الحضانة بينما يُفترض به أن يُرافقهم من المدرسة إلى المنزل. وقد أغضب هذا الأمر السيّد وينسكي كثيراً.

قال راولي إنّ السيّد وينسكي ظلّ يصرخ فيه لمدّة عشر دقائق، وقال له إنّ أفعاله «تقلّل من احترام الشارة».

أتعرف، أظنّ أنّني أعلم تماماً سبب كلّ هذا. في الأسبوع الماضي، كان على راولي إجراء اختبار خلال الحصة الرابعة، لذا رافقتُ أطفال الحضانة بمفردي إلى المنزل.

كانت قد أمطرت في ذلك الصباح، وكان هناك الكثير من الدود على الرصيف. فقررتُ أن أتسلّى قليلاً مع الأطفال.

النجدة!!!

لكنّ سيّدةً من الحيّ شاهدت ما كُنتُ أفعله، وصرخت بي من شرفتها.

كانت تلك هي السيدة إيرفين، وهي صديقة والدة راولي. وعلى الأرجح، ظنّت أنّني راولي لأنّني استعرتُ معطفه. ولم أحاول تصحيح خطئها.

كُنتُ قد نسيتُ الحادثة بأكملها حتّى اليوم.

على أيّ حال، قال السيد وينسكي لراولي إنّ عليه الاعتذار من أطفال الحضانة غداً صباحاً، وأنّه سيوقَف عن العمل في الدوريّة لمدّة أسبوع.

عرفتُ أنّه يتعيّن عليَّ على الأرجح إخبار السيّد وينسكي ببساطة أنّني كنتُ أنا من لاحق الأطفال وأرعبهم بالدود. غير أنّني لم أكن مُستعداً بعد لوضع الأمور في نصابها. علمتُ أنّني إن اعترفتُ، فسأفقد امتياز الحصول على الشوكولاتة الساخنة. وكان ذلك كافياً لإبقائي صامتاً في الوقت الراهن.

عند العشاء أحسّت أُمّي أنّ ثمّة ما يُزعجني، لذا جاءت لاحقاً إلى غرفتي للتحدّث إليّ.

أخبرتها أنّني كنت في وضع صعب، وأنّني لا أدري ما العمل.

في الواقع، شعرت بالامتنان للطريقة التي تعامَلت بها أمّي مع الموضوع. لم تُحاول أن تتطفّل وتحصل على كامل التفاصيل. كلّ ما قالتهُ لي هو أن أحاولَ فعل «الصواب»، لأنّ خياراتنا هي التي تُحدّد من نكون.

وجدت النصيحة لائقة. لكنّني ما زلت غير أكيد 100% ممّا سأفعله غداً.

الخميس

حسناً، أمضيت الليلة بأكملها وأنا أتقلّب بسبب موضوع راولي هذا، لكنّني اتّخذتُ قراري أخيراً. فقد رأيت أنّ الصواب هو ترك راولي يتحمّل الملامة عن الفريق هذه المرّة.

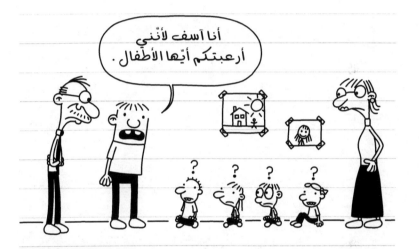

أنا آسف لأنّني أرعبتكم أيّها الأطفال.

في طريق العودة من المدرسة، اعترفتُ لراولي بحقيقة ما حدث بالكامل، وأنّني أنا من طارد الأطفال بالدود.

بعدها قُلتُ له إنّنا نستطيع أن نتعلم دروساً من تلك الحادثة. فقد تعلّمتُ أن أكون أكثر حذراً بشأن ما أقوم به أمام منزل السيدة إيرفين، كما تعلّم هو أيضاً درساً قيّماً هو التالي: احذر لمن تُعيرُ معطفك.

أظنّ أنّ هذه التجربة
كانت عبرة لنا
نحن الاثنين.

بصراحة، بدا أنّ رسالتي لم تصِل إلى راولي.

كنّا قد اتّفقنا على تمضية الوقت معاً اليوم بعد المدرسة، بيد أنّ راولي قال إنّه يريد العودة إلى المنزل للحصول على قيلولة وحسب.

في الواقع، لا أستطيع لومه. لأنّني لو لم أتناول الشوكولاتة الساخنة هذا الصباح، لما كانت لديّ الطاقة الكافية أنا أيضاً.

عندما وصلتُ إلى المنزل، كانت أُمّي بانتظاري عند المدخل.

اصطحبتني أُمّي لتناول المثلّجات مكافأةً لي. لقد تعلّمتُ من هذه الواقعة أنّه لا بأس في الإصغاء إلى الأمّ من وقت إلى آخر.

الثلاثاء

كان هناك إعلان آخر يذاع عبر مُكبّر الصوت اليوم. بصراحة، كنتُ أتوقّع هذا الإعلان نوعاً ما.

غريغ هيفلي، الرجاء الحضور إلى مكتب السيّد وينسكي.

رشفة...

علمتُ أنّها كانت مسألة وقت قبل أن ينكشف أمر ما حدث الأسبوع الفائت.

عندما دخلتُ مكتب السيّد وينسكي، كان غاضباً جدّاً. أخبرني أنّ مصدراً مجهولاً أعلمه أنّني المذنب الحقيقي في حادثة الملاحقة بالدود.

ثمّ أخبرني أنّه تمّ إعفائي من مهامي في دوريّة السلامة «منذ تلك اللحظة».

حسناً، لم أكن بحاجة إلى تحرٍّ لمعرفة أنّ المصدر المجهول كان راولي.

لم أُصدّق أنّ راولي ذهب وطعنني في ظهري بهذه الطريقة. وبينما وقفت هناك أتلقّى توبيخ السيّد وينسكي، رحت أُفكّر: عليّ أن أتذكّر إعطاء صديقي درساً في الوفاء.

في وقت لاحق اليوم، أُعيد راولي إلى الدوريّة. لا بل وحصل في الحقيقة على ترقية. قال السيد وينسكي إنّ راولي «تصرّف بنبل حين كان موضع شبهة كاذبة».

فكّرت في جعل راولي يدفع ثمن وشايته بي، لكنّني عندها أدركتُ شيئاً.

في تموّز، يذهب جميع موظفي دوريّة السلامة في رحلة إلى منتزهات الأعلام الستّة، وبإمكانهم اصطحاب واحدٍ من أصدقائهم. كنتُ أريد التأكّد من أنّ راولي لن يصطحب غيري.

أنا سأرفعها
بالنيابة عنك،
حضرة الرئيس!

الثلاثاء

كما سبق وقلتُ، أسوأ ما حصل بسبب طردي من دوريّـة السلامة هو خسارة امتيازات الشوكولاتة الساخنة.

كلّ صباح، أذهب إلى الباب الخلفي للكافيتيريا ليقوم راولي بالاهتمام بي.

لكن، إمّا أنّ صديقي أصيب بالصمم أو أنّه منهمك جدّاً بتملّق الموظّفين الآخرين بحيث لا يلاحظ وجودي قرب النافذة.

في الواقع، عندما أُفكّر في ذلك الآن، أجد أنّ راولي بات يُعاملني ببرودة تامّة في الآونة الأخيرة. وهذا غير مقنع إطلاقاً. فإن كنتُ أتذكّر جيّداً، هو من باعني.

بالرغم من أنّ راولي يتصرّف بغباء مؤخّراً، إلاّ أنّني حاولتُ كسر الجليد معه اليوم. لكن، حتّى هذا لم ينجح.

نيسان

<u>الجمعة</u>

منذ حادثة الدود، وراولي يمضي الوقت كلّ يوم بعد المدرسة مع كولين لي. المزعج في الأمر هو أنّه يفترض بكولين أن يكون صديقي الاحتياطي.

كان هذان الولدان يتصرّفان بطريقة مثيرة للسخرية. اليوم، ارتدى راولي وكولين قميصَين متشابهَين، ما جعلني أرغب تقريباً في التقيّؤ.

الليلة بعد العشاء، رأيتُ راولي وكولين يصعدان التلة معاً، بكلّ مودّة.

كان كولين يحمل حقيبته الليلية، فأدركت أنه سيُمضي الليلة في منزل راولي.

فكّرت، بإمكاني أنا أيضاً أن ألعب هذه اللعبة. فأفضل طريقة للانتقام من راولي هي أن أتّخذ لنفسي صديقاً حميماً جديداً. لكن، لسوء الحظّ، كان الشخص الوحيد الذي خطر ببالي في تلك اللحظة هو فريغلي.

قصدتُ منزل فريغلي ومعي حقيبتي الليلية، ليعرف راولي أنّ لديّ أنا أيضاً أصدقاء آخرين.

عندما وصلتُ إلى هناك، كان فريغلي واقفاً في حديقة منزله، وهو يطعن طائرة ورقية بالعصا. عندها بدأت أشكّ في صحّة فكرتي.

لكنّ راولي كان في حديقته الأماميّة، وكان يُراقبني.

فعلمتُ أنّه لا مجال للتراجع.

دعوتُ نفسي إلى منزل فريغلي. قالت والدته إنها مسرورة لرؤية فريغلي مع «رفيق يلعب معه»، وهي عبارة لم أتحمّس لها كثيراً.

صعدت مع فريغلي إلى غرفته. حاول فريغلي أن يجعلني ألعب معه لعبة «تويستر»، فحرصتُ على البقاء بعيداً عنهُ مسافة عشر أقدام كلّ الوقت.

قرّرتُ وضع حدّ لهذه الفكرة الغبيّة والذهاب إلى المنزل. لكن، في كلّ مرة كنت أنظر فيها من النافذة، كنت أرى راولي وكولين في حديقة بيت راولي.

لم أشأ المغادرة قبل عودة هذين الولدَين إلى الداخل. إلاّ أنّ الأمور بدأت تخرج عن السيطرة مع فريغلي بسرعة شديدة. فبينما كُنت أنظر من النافذة، فتح فريغلي حقيبتي وأكل كيس حبات الهلام الذي كان داخلها بأكمله.

كان فريغلي من أولئك الأولاد الذين لا يُفترض بهم أكل السكّر. هكذا، لم تمضِ دقيقتان حتّى راح يقفز على الحيطان.

بدأ فريغلي يتصرف كالمجنون، ويُطاردني في كلّ أرجاء الطابق العلوي.

بقيتُ أُفكّر أنّ نسبة السكّر ستنخفض لديه، ولكن عبثاً. أخيراً، حبست نفسي في حمامه، بانتظار أن يهدأ.

قرابة الساعة 11:30، خيّم الهدوء على الردهة.
عندها، دسّ فريغلي ورقة من تحت الباب.

التقطتها وقرأتُها.

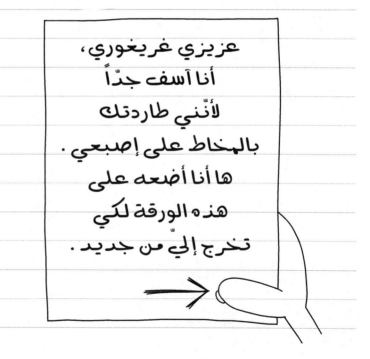

عزيزي غريغوري،
أنا آسف جدّاً
لأنّني طاردتك
بالمخاط على إصبعي.
ها أنا أضعه على
هذه الورقة لكي
تخرج إليّ من جديد.

كان هذا آخر ما أذكره قبل أن أغيب عن الوعي.

استعدتُ وعيي بعد بضع ساعات. بعد أن نهضت، شققتُ الباب، وسمعتُ شخيراً آتياً من غرفة فريغلي. فقرّرتُ الهرب.

لم يكن أبي وأمي مسرورَين منّي لإيقاظهما عند الثانية من بعد منتصف الليل. لكن، بعد كلّ ما حدث، لم أكترث لذلك مطلقاً.

طرقة

الاثنين

حسناً، لقد مضى علينا حتّى الآن شهر كنّا فيه أنا وراولي صديقين سابقين. ولكي أكون صادقاً معك، أشعر أنّني أفضل حالاً من دونه.

أنا مسرور لقدرتي على فعل ما يحلو لي من دون أن أضطرّ إلى حمل كلّ هذا الوزن الزائد.

كُنتُ أمضي الوقت مؤخّراً في غرفة رودريك، وأفتّشُ في أغراضه. ومنذ يومَين، وجدتُ أحد كتبه السنوية الذي يعود إلى الصفوف المتوسّطة.

كتب رودريك على صور الجميع في كتابه السنوي. لذا، بإمكانك معرفة ما كان يحسّ به تجاه جميع الأولاد في صفّه.

من حين إلى آخر، ألتقي زملاء رودريك القُدامى في البلدة. وعليّ أن أتذكّر شكر رودريك لجعل ذلك أكثر متعةً بكثير.

لكنّ الصفحة المشوّقة حقّاً في دفتر رودريك هي صفحة المفضّلين في الصفّ.

إنّها الصفحة التي يضعون فيها صور الأولاد الأكثر شعبيّة، والأكثر موهبة، وما إلى ذلك.

كتب رودريك على صفحة المفضّلين في الصفّ أيضاً.

الطلّاب الأكثر احتمالاً للنجاح

كاثي نغيين بيل واتسون

صفحة المفضّلين في الصف جعلت محرّكاتي تعمل.

إن استطعتَ الوصول في الانتخابات إلى صفحة المفضّلين في الصفّ، تُصبح مشهوراً. وإن لم تتمكّن من تحقيق ما اختاروك لأجله، لا يهمّ ذلك، لأنّ اسمك أصبح على سجلٍ دائم.

فالناس يُعاملون بيل واتسون حتّى الآن كشخص مميّز، مع أنّه توقّف عن الدراسة في المدرسة الثانوية.

ما زلنا نلتقيه من حين إلى آخر في متجر الأغذية.

هل ألفّها بالورق أم بالنايلون، سيّدتي؟

لذا، هذا ما أفكّر فيه: شكّلت هذه السنة الدراسية إخفاقاً لي نوعاً ما. لكن، إن استطعتُ أن أُنتخَب من بين المفضّلين في الصفّ، فسأخرج بشكل مُشرّف.

حاولت التفكير في فئة لديّ فرصة فيها. لم أكن قطعاً الأكثر شعبية أو الأكثر رياضية. لذا، سأُحاول إيجاد شيء أقرب إلى متناول اليد.

فكّرتُ في ارتداء ثياب جميلة فعلاً لباقي العام، فأحصلُ على لقب الأكثر أناقة.

ولكن، هذا يعني أن أظهر في صورة واحدة إلى جانب جينا ستيوارت، التي ترتدي ملابس في غاية الرزانة.

الأربعاء

في الليلة الماضية، كنتُ ممدّداً على السرير حين خطرت لي الفكرة: عليّ أن أُصبح مُهرّج الصف.

صحيح أنّني لست معروفاً بكوني مُضحكاً في المدرسة أو أيّ شيء من هذا القبيل، ولكن إن تمكّنت من نصب فخّ كبير قبل التصويت، فقد ينجح الأمر.

أيّار

<u>الخميس</u>

اليوم، كنتُ أُحاول التفكير في كيفيّة دسّ مسمار على كرسي السيّد وورث مدرّس التاريخ، عندما قال شيئاً جعلني أُعيد التفكير في خطّتي.

أخبرنا السيّد وورث أنّ لديه موعداً مع طبيب الأسنان غداً، لذلك سيكون لدينا أُستاذ بديل. إنّ الأساتذة البُدَلاء هم كالذهب المُضحك. يمكنك قول ما تشاء تقريباً من دون التعرّض إلى المتاعب.

الجمعة

دخلتُ صفّ التاريخ اليوم، وكنتُ جاهزاً لتنفيذ خطتي. ولكن، عندما وصلت إلى الباب، احزر من كان الأستاذ البديل.

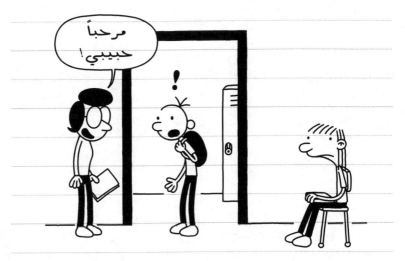

من بين كل الناس في العالم، كانت أمّي هي أستاذنا البديل اليوم. ظننتُ أنّ أيّام تدخّل أمّي في مدرستي قد ولّت.

فقد اعتادت أن تكون من بين أولئك الأهالي الذين يأتون لتقديم المساعدة في الصفّ. لكنّ ذلك تغيّر عندما تطوّعت أمّي لمرافقتنا في رحلتنا الميدانية إلى حديقة الحيوانات عندما كنت في الصف الثالث.

كانت أُمي قد حضّرت كلّ أنواع المواد لمساعدتنا نحن الأولاد على تقدير العروض المختلفة. ولكن، كل ما كان يريده الجميع هو مُشاهدة الحيوانات تذهب إلى الحمام.

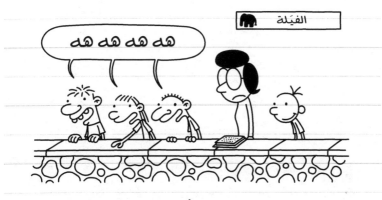

على أيّ حال، أحبطت أُمي خطتي للفوز بمقعد مهرّج الصف. لكنّني محظوظ للغاية لعدم وجود فئة «الصبيّ الأغلى على قلب أمّه». فبعد ما حدث اليوم، كُنتُ سأفوز باللقب بالأغلبية الساحقة.

الأربعاء

صدرت جريدة المدرسة مُجدّداً اليوم. تخلّيتُ عن وظيفتي كرسّام الكاريكاتير في المدرسة بعد ظهور شخصيّة كرينتون التلميذ الفضولي. وفي الحقيقة، لم أكترث حقّاً لمعرفة من حلّ مكاني.

غير أنّ الجميع كانوا يضحكون في أثناء قراءة صفحة الرسوم الهزلية عند الغداء. فتناولت نسخة لرؤية ما يضحكهم إلى هذا الحدّ. وعندما فتحتُها، لم أُصدّق عينَيّ.

كانت رسوم زُو - وِي ماما. وبالطبع لم يُغيّر السيّد جون كلمة واحدة في رسوم راولي الهزليّة.

هكذا، كان راولي يحظى الآن بالشهرة التي كان من المفترض أن تكون لي.

حتى الأساتذة كانوا يتملّقون راولي. كدت أن أتقيّأ عندما أوقع السيد وورث الطبشورة في حصّة التاريخ.

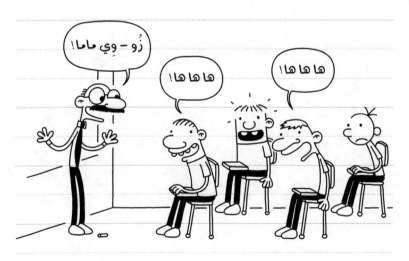

الاثنين

أغاظني موضوع «زُو - وِي ماما» كثيراً. كان راولي ينال كلّ التقدير على الرسوم الهزلية التي ابتكرناها معاً. تصوّرتُ أنّ أقلّ ما يستطيع فعله هو ذكر اسمي على الرسوم كمؤلّف مشارك.

فقصدت راولي بعد المدرسة، وقُلتُ له ما عليه فعله. لكنّ راولي أجاب أنّ فكرة «زُو - وِي ماما» كانت من ابتكاره وحده ولا علاقة لي بها.

أظن أنّنا كنّا نتحدّث بصوت مرتفع، لأنّنا فوجئنا بوجود حشد من الأولاد حولنا.

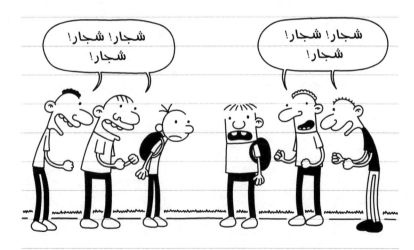

يتحرّق أولاد مدرستي دائماً لرؤية عراك. حاولنا أنا وراولي الانصراف، لكنّ هؤلاء الفتية ما كانوا ليتركونا نذهب من دون أن نسدّد بعض اللكمات.

لم أخض يوماً أيّ شجار من قبل، ولذلك لم أكن أدري كيف يُفترض بي الوقوف، أو كيف أمدّ ذراعيّ، أو أيّ شيء. ولا يُمكنك القول إنّ راولي يعلم ما يفعله هو الآخر، لأنّه راح يقفز كالجنيّ.

كنت واثقاً أنّني أستطيع أن أتعارك مع راولي. لكن، شعرت بشيء من التوتّر لأنّ راولي يأخذ دروساً في الكاراتيه. لم أكن أعلم ما هي الخزعبلات التي يعلّمون راولي إيّاها في صفوف الكاراتيه، لكن آخر ما كُنتُ أتمنّاه هو أن يطرحني أرضاً، هنا على الإسفلت.

قبل أن نقوم أنا وراولي بأيّ حركة، سمعنا صوت صرير في موقف السيّارات في المدرسة. أوقفت مجموعة من المراهقين شاحنتهم، وبدأوا يتجمّعون خارجها.

سررت لأنّ انتباه الجميع تحوّل عنّي وعن راولي إلى المراهقين. لكنّ جميع الأولاد لاذوا بالفرار عندما بدأ المراهقون بالتوجّه نحونا.

ثمّ أدركتُ أنّ المراهقين مألوفون بشكلٍ مريع.

عندها، خطر لي أنّهم المراهقون أنفسهم الذين طاردونا أنا وراولي ليلة احتفال التّنكّر. وها هم قد أدركونا أخيراً.

لكن، قبل أن نتمكن من الهرب، ثُبّتت أيدينا وراء ظهرينا.

أراد هؤلاء الأولاد تلقيننا درساً لأنّنا سخرنا منهم في تلك الليلة. وبدأوا يتجادلون حول ما سيفعلونه بنا.

لكن، بصراحة، كُنتُ مشغولاً بأمرٍ آخر. فقد كانت قطعة الجبن على بعد بضع أقدامٍ منّا فقط، وبدت مقرفة أكثر من أيّ وقت مضى.

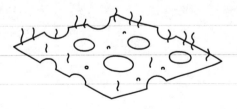

لا بد من أنّ المراهق الكبير أدرك ما أفكّر فيه، لأنّه نظر إلى قطعة الجبن، هو أيضاً. وأظنّ أنّها أوحت له بالفكرة التي كان يبحث عنها.

اختاروا راولي أوّلاً. أمسك الولد الكبير راولي وجرّهُ نحو قطعة الجبن.

الآن، لا أُريد أن أروي ما حصل بعد ذلك بالضبط. فلو أراد راولي أن يترشّح للانتخابات الرئاسية في المستقبل، واكتشف أحدهم ما أجبره أولئك الشبّان على فعله، فلن يكون لديه أيّ أمل بالفوز.

لذا سأقولها بهذه الطريقة: لقد أجبروا راولي على قطعة الجبن. ----

كنتُ أعلم أنّهم سيُجبرونني على فعل ذلك أنا أيضاً.
بدأتُ أُصاب بالهلع، وأدركتُ أنّني لن أتمكّن من الخروج
من هذا المأزق.

لذا رحتُ أتكلّم بسرعة.

صدّق أو لا تُصدّق، نجح ذلك فعلاً.

أعتقد أن المراهقين حقّقوا مبتغاهم، لأنّهم تركونا وشأننا بعد أن جعلوا راولي يُكمل ما تبقى من قطعة الجبن. عادوا إلى شاحنتهم وانطلقوا مبتعدين.

عدنا أنا وراولي معاً إلى المنزل. لكنّ أحداً منّا لم يقل شيئاً في طريق العودة.

فكّرتُ أن أقول لراولي إنّه كان باستطاعته استخدام بعض حركات الكاراتيه هناك، لكنّ شيئاً ما دفعني إلى إمساك لساني في الوقت الراهن.

رجفة

الثلاثاء

هذا اليوم في المدرسة، تركنا المدرّسون نخرج إلى الملعب بعد الغداء.

تتطلّب الأمر نحو خمس ثوانٍ ليكتشف أحدهم أنّ قطعة الجبن قد اختفت من مكانها على الإسفلت.

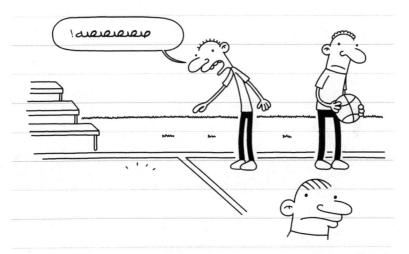

تحلّق الجميع للنظر إلى المكان الذي كانت فيه قطعة الجبن. لم يستطع أحد التصديق أنّها اختفت فعلاً.

بدأ الناس يخرجون بنظريات جنونيّة حول مصير قطعة الجبن. قال أحدهم: ربّما نمت لها أرجل وسارت بعيداً.

بذلت جهداً كبيراً لضبط نفسي وإبقاء فمي مُقفلاً. وصدقاً، لو لم يكن راولي واقفاً هناك، لما تمكّنت من التزام الصمت.

كان عدد من الأولاد الذين يتجادلون حول ما حلّ بقطعة الجبن هم الأولاد أنفسهم الذين كانوا يحثّوننا أنا وراولي على القتال عصر أمس. لذا، علمتُ أنّه لن يطول بهم الأمر حتّى يستنتجوا أنّ للأمر علاقة بنا.

بدأ راولي يشعر بالهلع، ولا ألومه على ذلك. فإن اكتُشفت حقيقة اختفاء قطعة الجبن، فسيقضى على راولي. سيكون عليه أن يترك الولاية، أو حتّى البلد.

عندئذٍ، قررتُ الكلام .

أخبرتُ الجميع أنّني أعرف ما حلّ بقطعة الجبن . قلتُ إنّني سئمتُ من وجودها على الإسفلت، وقرّرتُ التخلّص منها نهائياً .

تجمّد الجميع للحظة . ظننتُ أنّ الناس سيشكرونني على ما فعلته . لكن، ربّاه، كم كُنتُ مخطئاً .

تمنّيتُ حقاً لو أنني قلت قصّتي بطريقة مختلفة قليلاً . لأنّني إن كُنتُ قد رميتُ قطعة الجبن، فهل تعرف ما يعنيه هذا الأمر ؟ هذا يعني أنّني بتُّ أحمل لمسة الجبن .

حزيران

الجمعة

حسناً، إن قدّر راولي ما فعلتُه لأجله في الأسبوع الماضي، فهو لم يبُح بذلك. لكنّنا عدنا إلى تمضية الوقت برفقة بعضنا بعد المدرسة. لذا، أظنّ أنّنا عدنا إلى حالتنا الطبيعية.

حتّى الآن، أستطيع القول بكلّ صدق إنّ امتلاك لمسة الجبن ليس بهذا السوء.

فلقد أعفتني من حصة الرقص في التربية البدنية، إذ لم يرِد أحد مُشاركتي الرّقص. كما كُنتُ أنفرد كلّ يوم بمائدة الغداء؛ كلّها لي وحدي.

اليوم، كان آخر أيّام المدرسة، وقد وزّعوا علينا الكتاب السنويّ بعد الحصّة الثامنة.

قلبت الصفحات إلى صفحة المفضّلين في الصفّ، وها هي الصورة التي كانت بانتظاري.

مهرّج الصفّ

راولي جيفرسون

كلّ ما أستطيع قوله هو: إن كان أحد ما يُريد كتاباً سنويّاً مجّانياً، فهو يستطيع استخراجه من سلّة المهملات في آخر الكافيتيريا.

كما تعلم، يستطيع راولي أن يكون مهرّج الصف، ولا أكترث بذلك. لكن، إن تطاول يوماً ما على رفاقه، فسأذكّره بأنّه الولد الذي أكل ------.

Acknowledgments

There are many people who helped bring this book to life, but four individuals deserve special thanks:

Abrams editor Charlie Kochman, whose advocacy for *Diary of a Wimpy Kid* has been beyond what I could have hoped for. Any writer would be lucky to have Charlie as an editor.

Jess Brallier, who understands the power and potential of online publishing, and helped Greg Heffley reach the masses for the first time. Thanks especially for your friendship and mentorship.

Patrick, who was instrumental in helping me improve this book, and who wasn't afraid to tell me when a joke stunk.

My wife, Julie, without whose incredible support this book would not have become a reality.

About the Author

Jeff Kinney is an online game developer and designer, and a #1 New York Times bestselling author. In 2009, Jeff was named one of Time magazine's 100 Most Influential People in the World. He spent his childhood in the Washington, D.C., area and moved to New England in 1995. Jeff lives in southern Massachusetts with his wife and their two sons.

Made in the USA
Columbia, SC
22 September 2017